Kosmos, Mensch und Erde
oder:
warum wir auf der Erde sind!

Herausgeber: Perceval-Institut für Kosmologie und christliche Hermetik

Die Vervielfältigung dieses Werkes – auch auszugsweise - ist nur mit der schriftlichen Genehmigung des Herausgebers gestattet. Alle Rechte sind dem Verfasser vorbehalten.

Copyright: Franz Weber 2017
Herstellung und Verlag:
BoD – Books on Demand, Norderstedt
ISBN: 9783743194045

**Gewidmet den Menschen,
die eines guten Willens sind**

Kosmos, Mensch und Erde

Inhaltsverzeichnis

Seite:

4	Einführung
8	Der kosmische Baum des Lebens
14	Urbilder und Symbole der kosmischen Welt anhand der Kabbala und des Tarot
20	Ein kosmisch-irdisches Spiel
26	Von menschlichen und kosmisch-geistigen Werten
32	Vom Glück der Freiheit
36	Vom Sinn-Verlust zu einem Werte-Wandel in einem neuen gesellschaftlichen Werden
43	Mensch der Erde
52	Kultur der Freude
60	Auf Messers Schneide
70	Das Schicksal gestalten
76	Licht in dunkler Erdenzeit
83	Vom Aufstieg ins kosmische Ich
93	Ein Nachwort
94	Anhang
96	Literaturverzeichnis

Einführung

Kosmos, Mensch und Erde – Der Mensch ist mit seinem Leib bekanntlich der Erde zugehörig. Mit seinem Geist ist er jedoch ein kosmisches Wesen. Mit der Seele ist er vor allem ein soziales Wesen, aber auch ein Eigenwesen, wenn sich die Seele vermehrt mit dem Leibesgeschehen identifiziert. Somit ist oder kann er auch ein Vermittler zwischen Kosmos und Erde sein.

Die Erde in ihrer natürlichen Beschaffenheit ist von den Naturwissenschaften weitestgehend erforscht. Ihre ätherische, seelisch-astrale und geistige Komponente dagegen noch sehr wenig. Ja, oftmals wirkt es für viele rational ausgerichtete Zeitgenossen geradezu grotesk, wenn man die Erde als einen lebenden Organismus beschreibt. Doch so schwer ist dies gar nicht zu erfassen, wenn wir die Pflanzenwelt als die Lebenssphäre, die Tierwelt als die Seelensphäre und das Menschenreich als die Geistsphäre der Erde erkennen wollen. Somit bilden Menschen-, Tier-, Pflanzen- und Mineralreich erst zusammen eine echte Ganzheit.

Oftmals wird von manchen Zeitgenossen der Mensch noch als ein Fremd-Körper auf der Erde betrachtet, ohne den die Erde viel besser leben könnte. Sicher, der Mensch macht viel kaputt und er gefährdet das Leben in unseren Tagen, doch ohne Geist, ohne bewusstes Handeln und Gestalten bliebe die Erde ein lebendiger und beseelter Planet, dem es letztlich an Sinn, an Entwicklung und Zukunfts-Impulsen fehlt. Eine ständige Wiederholung des Gleichen wäre angesagt, also nur ein natürliches Wachsen und Welken ohne Geschichte und Moral.

Wie der physische Leib der Träger für die menschliche Seele und für den Geist des Menschen ist und dadurch erst seinen Daseinszweck erhält, so ist die Erde der Leib für den Menschheits-Geist. Diesen Menschheits-Geist gilt es aufzuspüren, ihn gilt es im irdischen Sein zu suchen. Dies ist des Menschen Aufgabe im Erden-Sein.

Der einzelne Mensch erfährt sich auf Grund seines Intellektes und seines Eigenwillens oftmals getrennt von allem, auch weil er mit seinem niederen Ich den kosmischen Zusammenhang verloren hat, das heißt, aus diesem herausgefallen ist. In seinem höheren Ich ist er dagegen ein Teil, ein Aspekt beziehungsweise bildet dieser eine Einheit mit dem großen Ich, mit dem Welten-Ich, mit dem Christus-Ich. Und diese Christus-Wesenheit ist ja seit Golgatha zum Geist der Erde geworden, das heißt, sein Geist und Wesen ist in die Erde eingezogen. Die Erde hat ihn in ihren mütterlichen Schoß aufgenommen. Oder mit anderen

Worten, das himmlische Geisteskind wurde in der Erde geboren. Die Madonna mit dem Kind ist seither ein kosmisch-irdisches Bild für die Erde als seelisch-geistiges Wesen, das den Christus-Impuls in sich aufgenommen hat. Vor dieser Zeit wurde die Erd-Göttin, die Mutter Erde unter verschiedenen Namen, zum Beispiel als Gaia, als Demeter, als Inanna, als Artemis, als Weleda, als Nut und so weiter gepriesen und verehrt.

Demzufolge ist aber auch jeder Mensch, der zu seinem inneren Wesen, zu seinem Geisteskind erwacht, ein Kind der Mutter Erde, nicht nur des Himmels. Wir sind auch als geistiges Wesen eben nicht mehr getrennt von ihr, wir bleiben sogar im Nachtodlichen mit ihr verbunden; auch wenn die Seele wieder in kosmische Weiten aufsteigen kann, so kommt sie doch in einem neuen Leben wieder zurück, so wie sich im Kleinen jede Nacht ein kosmischer Aufstieg und am Morgen ein neuer Eintritt in den Menschenleib vollzieht.

Nun besteht auf einem spirituellen Schulungs- und Einweihungsweg die Möglichkeit, diesen Aufstieg in die kosmischen Sphären mit wachem Bewusstsein erleben und erfahren zu können, wenn das Bewusstsein sich dafür erweitert, wenn es sich steigert, hin zu einem „kosmischen" Bewusstsein. Das geht natürlich nicht sehr schnell, denn zu lange haben wir uns schon an das irdisch-rationale Bewusstsein gewöhnt. Da einen anderen „Blickwinkel" zu bekommen, erfordert sehr viel Übung und Geduld. Doch einige Menschen sind diesen Weg schon erfolgreich gegangen, von ihnen können wir lernen.

So ist es zunächst einmal sinnvoll zu schauen, was in der Geistesgeschichte über den kosmischen Aufstieg beschrieben wurde. Da gibt es nämlich in allen alten Kulturen, in Mythen und Geschichten Weissagungen und Erkenntnisse, die von Göttern und himmlischen Sphären berichten und die wir nicht sogleich als Aberglauben oder kindliche Phantasien abtun sollten.

Eine gute Möglichkeit, um etwas Einblick in kosmische Sphären bekommen zu können, bietet die jüdische Kabbala. Da wird sehr anschaulich und gedanklich nachvollziehbar der Aufbau der Welt, von den Himmeln bis zur Erde, im Bilde eines Lebensbaumes dargestellt. Die zehn Sephirot beschreiben darin die Sphären von der Erde bis zu den höchsten geistigen Bereichen hinein. Darüber gibt es noch die himmlischen Welten: Ain Soph Aur, Ain Soph und Ain genannt, über die man mit menschlichen Worten nicht mehr viel sagen kann, weil die irdische Sprache dafür nicht mehr ausreicht.

Diese Himmel sind jedoch der Ursprung und das Ziel, dem sich die suchende Menschenseele wieder annähern will und darf, um Ganzheit und Erfüllung erfahren zu können. Dahin zu gelangen, das ist aber ein sehr, sehr weiter Weg. Der Mystiker verlässt alles, sein irdisches Ich und alles irdische Streben, damit er im Göttlichen aufgehen, mit diesem verschmelzen kann.

Der Geistesschüler geht dagegen Stufe um Stufe, steigt langsam empor und bleibt dadurch immer mit der Erde verbunden, jedoch er bringt allmählich immer stärker kosmische Sphären und Kräfte mit ins Erden-Sein hinein. Mit jeder Stufe hat er neue Kräfte und Fähigkeiten erlangt, die ihn ganzer und reifer werden lassen.

Der Mensch als kosmisches Wesen trägt alle Kräfte des kosmischen Seins als schöpferische Potenz in sich. Auf einem Einweihungsweg lernt er diese Kräfte bewusst und ichhaft in seiner Seele zu verwirklichen.

Zwischen den verschiedenen Sphären und Ebenen der 10 Sephirot gibt es 22 Wege, also 22 Verbindungslinien, die der Geistesschüler gehen kann. Diese Wege sind in den 22 Arkanen des Tarot beschrieben. Vom „Magier" bis zur „Welt" geht dabei der Weg, wenn wir von Malkuth, der Erde ausgehen wollen.

Manche Kabbalisten beginnen mit dem Magier oben bei „Kether" und gehen von da abwärts bis zur Welt, zur Erde. Doch das Arkanum: die Welt beinhaltet alles, es beschreibt die Stufen und Erscheinungsformen, die sich über den ganzen Lebensbaum erstrecken. Und der Magier, in manchen Kartenbildern wird er auch der Gaukler genannt, er beginnt eigentlich auf der Erde und lernt zunächst sich mit Jesod, der seelischen Sphäre auseinander zu setzen. Das heißt, er muss zuerst Herr in seiner Seele beziehungsweise auch in seinen seelischen Untergründen werden, um in noch höhere, feinere und geistigere Sphären und Welten aufsteigen zu können.

Im nächsten Kapitel soll dazu der kabbalistische Baum des Lebens und die einzelnen Wege darin aufgezeichnet werden, damit man eine übersichtliche Struktur erhält. In früheren Schriften wurde dieser Lebensbaum von mir schon des öfteren erwähnt und beschrieben, auch die 22 großen Arkana, so dass im Folgenden auch nur wiederum eine Art Zusammenfassung geschehen soll. Denn ich bin schließlich mit dieser Schrift bei der Zahl 22 angekommen, also steht sie unter dem Duktus des Arkanums: die Welt.

Zu meinen 22 Schriften wäre im Nachhinein noch hinzu zu fügen, dass jedes einzelne Werk eben einem Arkana des Tarot entstammt. Das war mir zu Beginn keineswegs bewusst. Erst ab dem 19. Werk, also dem Arkana der Sonne, das für Intuition und schöpferischen Geist steht, wurde mir klar, dass ich 22 Bücher zu schreiben habe. Vorher wollte ich oftmals mit dem Schreiben aufhören, da die äußere Welt bisher zu wenig Beachtung gezeigt hat. Seit ich aber weiß, dass das Werk erst nach dem „22. Schritt" vollendet ist, läuft es fast wie von selbst. Das heißt mit anderen Worten, dahinter steht ein Geist, der mich seit Jahren antreibt und beflügelt, dieses Werk weiter zu entwickeln und zu vollenden.

Diesem Geist bin ich sehr mit Dank verbunden, denn durch dieses Werk finde ich Sinn, Weg und Ziel in meinem Leben. Von „Natur" aus bin ich ja kein Schriftsteller, eher ein Künstler, dem das Schreiben nicht so einfach von der Hand geht.

Im Anhang führe ich dann meine 22 Schriften an und wie sie den einzelnen Arkanen entsprechen. Nicht inhaltlich, aber in ihrem Duktus. Der Magier läutet ein und dann geht es Stufe um Stufe weiter, höher und vielleicht erkennen wir zuletzt, in einem großen Überblick, in einer Überschau das ganze Werk, die Welt. Ich bin selbst gespannt, wie sich dieses letzte Werk, diese Welt für mich entwickeln wird. Noch habe ich nur vage Ahnungen, was und wie ich diese letzte Schrift bewältigen kann. Doch mein guter Geist, ihm vertraue ich, er wird mich führen und er wird mir Erkenntnisse zukommen lassen, die das Ganze hoffentlich „rund machen" und es würdig abschließen können.

In diesem Sinne geht es die nächsten Zeilen voran; der geneigte Leser möge, wenn er denn will, mit mir gehen. Zahlreiche Erkenntnisse und Einsichten wünsche ich dabei uns allen, denen, die nicht müde werden und erst dann abschließen, wenn das Ziel erreicht, wenn der Weg zu Ende ist, wenn es denn ein Ende überhaupt geben kann.

Franz Weber, Freiburg im November 2016

Der kosmische Baum des Lebens

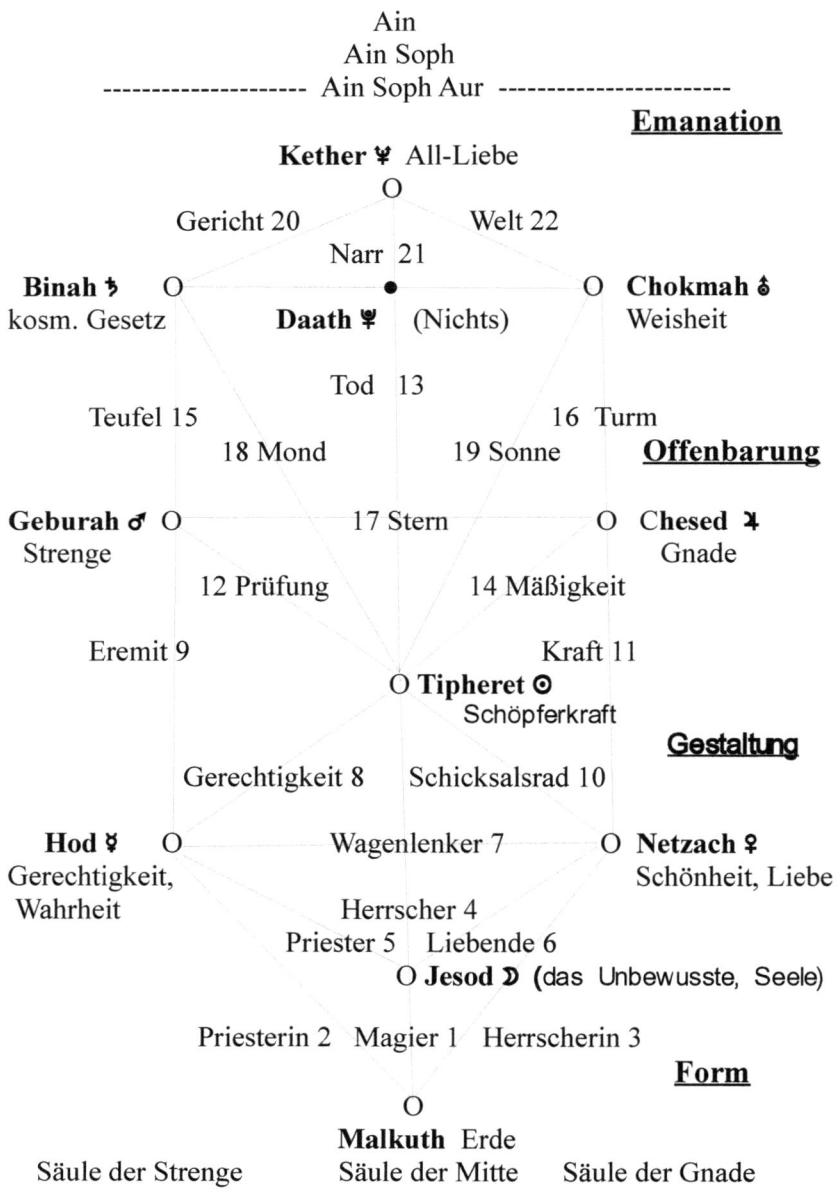

Vor Gott sind wir Menschen alle Brüder und Schwestern, egal welcher Nation und Religion wir angehören. Auch steht der Mann nicht besser da als die Frau. Nur das Kind hat bei Gott einen gewissen Vorrang.
Vor Gott sind wir alle Menschen und daher gleich. Wir sind alle sein Werk. Warum sollte er daher die Einen vor den Anderen vorziehen?
Nur wenn wir uns von Gott entfernen, kommen vermehrt Anschauungen, Meinungen und Dogmen zum Tragen. Dann sucht man sich meist Verbündete, um vielleicht auch noch Macht über Anders-Denkende und Anders-Gläubige ausüben zu können. Damit entfernt man sich aber erst recht vom lebendigen Gott, der schließlich in jeder Religion, aber auch in jedem Menschen wirken will.
Gewiss, es unterscheiden sich die Menschen in ihrer persönlichen Entwicklung, so dass sie auch verschiedene Wege gehen und andersartige Aufgaben lösen müssen, damit sie dem Göttlichen wirklich wieder näher kommen können. Diese vielfältigen Wege führen letztlich aber immer in ein spirituelles Wirken hinein, wenn wir aufrichtig und ehrlich diese Wege beziehungsweise den uns gegebenen oder den von uns selbst gewählten Weg beschreiten wollen.
Ein spiritueller Weg beinhaltet als ein Ziel, dass wir den Baum des Lebens finden und pflegen sollen, von dem sich der Mensch bekanntlich getrennt hat, um den Baum der Erkenntnis erkunden zu können. Die Erkenntnis des Guten und des Bösen, die auf diesem Menschheits-Weg vorgeschrieben ist, bedingt zwangsweise die Möglichkeit des Irrtums und die Auseinandersetzung mit dem Unvollkommenen und Kranken, bis wir gelernt haben, was das Gute ist. Und das Leben, der Baum des Lebens ist gut.
Der kosmische Lebensbaum bildet nun die Grundstruktur, um mit dieser das höhere Leben in Gott wiederfinden zu können. Der Baum des Lebens führt zu Gott, weil er von Gott kommt. Jedoch, wir sollen ihn erkennen, wir sollen ihn bejahen, damit der Erkenntnisbaum und der Lebensbaum einmal eine neue Einheit bilden können. Gott durchzieht geistig und mit seinem Leben alle Daseinsreiche, auch wenn diese manchmal ziemlich weit abgekommen sind von seiner lebendigen Kraft.
Ain Soph Aur, Ain Soph und Ain, die Dreiheit in Gott, die Trinität überschwebt den ganzen Lebensbaum. Die göttliche Welt ist noch über Kether, dem Arkanum der Liebe beheimatet, wo die eigentliche Geist-Sphäre beginnt. Daraus entströmen Emanationen, Ausstrahlungen, die den Lebensbaum zunächst willensmäßig hervorbringen. Kether be-

schreibt die Sphäre der All-Liebe. Gottes Ausstrahlung ist Liebe. Sie wird von den Geistern der Liebe, den Seraphim, aufgenommen und als erste Schöpfungskraft weitergeleitet.

Aus der göttlichen Emanation entströmt aber auch die Weisheit, in Chokmah, die letztlich dem gesamten Welten-Schöpfungsbau zugrunde liegt. Zudem ergießt sich die Sphäre der kosmischen Gesetze in die geistige Welt hinein, wo sie zur Offenbarung in einer neuen Sphäre kommen und zwar als geistige Grundstruktur, als Urbilder für die weiteren Schöpfungen der Welt. In diesen geistigen Sphären wirken geistige Wesen, die ich hier aber nicht weiter erwähne. In früheren Schriften bin ich darauf näher eingegangen.

Diese Sphäre der Offenbarung, sie ist eine nächste, eine tiefere beziehungsweise eine weitere Ebene nach der göttlichen Emanation. Sie waltet mit Strenge und Gnade, damit die schöpferischen Sonnengeister von Tipheret den geistigen Kosmos in einer noch tieferen Sphäre ausgestalten können. Und vom geistigen Kosmos, auch Devachan genannt, geht die Sphäre der Gestaltung bis in konkrete Ideen und künstlerisches Schaffen hinein. In der geistigen Welt wird sehr viel gestaltet, entworfen und kreiert, das in der verdichteten Schöpfung seinen Niederschlag beziehungsweise seine Manifestation finden kann.

Doch bevor etwas zu physischer Form gerinnen kann, also zur Sphäre der Form in Malkuth, auf der Erde gereicht, muss Jesod, muss das seelische Leben gestaltet werden. Von der Ebene der Gestaltung geht es also tiefer in die Form beziehungsweise in die Handlung hinein. Malkuth, die Erde, hier erst ist die Schöpferkraft zur Form erstarrt. Will man von hier wieder aufwärts streben, muss erst wieder die Ebene der Gestaltung, dann die der Offenbarung und schließlich die der Ausstrahlung gesucht werden. Dieser Weg ist vom Beginn an, also von der Erde aus, die Aufgabe des sogenannten Magiers auf dem Lebensbaum beziehungsweise auf den Wegen des Tarot bis hinauf zum Ursprung der Welt.

Insgesamt lässt sich also konstatieren: die göttlich-geistige Welt senkt sich immer tiefer bis in die Welt der Form hinein. In Malkuth wirken aber nicht nur die göttlich-geistigen, sondern auch untersinnliche Kräfte, die quasi die polare Seite des kosmischen Schöpfungsbaumes ausmachen. Dieser unterirdische „Lebensbaum" beschreibt dann auch die feinstofflichen und energetischen Schichten des Erd-Inneren, in denen Kräfte und Wesen wirken, die gegen das Göttliche selbst rebellieren und quasi einen Widerpart dazu bilden, dadurch aber erst eine

Verfestigung und Verhärtung des Irdischen ermöglichen. Daher könnte man diese innerirdischen Sphären auch als eine Art Todesbaum bezeichnen, quasi als einen negativen Spiegel des Lebensbaumes.
Die Wesen und Geister der dunklen Hierarchien darin, sie sind natürlich im kosmischen Plan vorgesehen. Das kosmische Spiel, Lila nennen es die alten Inder, ist wie in einem Schauspiel von guten und bösen Mächten besetzt. Gott schreibt mit seinem „Schöpfungsstück" eine Art Welten-Drama, wo unendlich viele Wesenheiten mitspielen. Langweilig wird es dadurch niemandem werden.
Ins Detail über die inneren Erdschichten kann ich hier aber nicht gehen, da der Weg in die guten Sphären des geistigen Lebens zunächst vordringlicher erscheint, obwohl man ohne die Kenntnis und Läuterung der dunklen Sphären, die eben auch in das Leibes- und Seelenleben des Menschen einwirken, nicht wirklich nach „Oben" kommen kann.
So will ich zunächst anhand der vorigen Darstellung einige Wege des Tarot in kurzer Form beschreiben, die jeder zu gehen hat, wenn er sich spirituell weiter entwickeln will. Dabei entscheiden wir letztlich selbst, ob wir den Weg der Gnade, der Mitte oder der Strenge gehen wollen. Wenn wir uns auch allem Geistigen entziehen wollten und könnten, an der Strenge des Gesetzes kommt niemand vorbei, der nicht selbstbestimmt einen der beiden anderen Wege wählen will. Liefern wir uns, aus Bequemlichkeit, Abneigung oder Schwäche, nur den irdischen oder gar den untersinnlich-unterirdischen Kräften aus, können wir allzu leicht in ihre Abhängigkeit und Fesselung geraten. Dann waltet eben das Gesetz.
So fangen wir hier zunächst mit dem Magier an. Er geht den Weg von Malkuth nach Jesod, also von der äußeren Welt in das Seelische und da vor allem auch in das Unterbewusste hinein, das der Magier beherrschen lernen muss. Um die einzelnen Arkana tiefergehend erläutern zu können, fehlt hier aber der nötige Platz. Da verweise ich auf die frühere Schrift von mir: Die großen Arkana des Tarot. Da sind Gedanken und Meditationen von Valentin Tomberg aus seinen Büchern über den Tarot in verkürzter Form zusammen gefasst.
Der zweite Weg des Tarot, der Priesterin, bedeutet nun, dass die Polaritäten des Lebens anerkannt und ausgeglichen werden sollen. Ein priesterlicher Gestus kann das Oben mit dem Unten verbinden. Dadurch entsteht Gerechtigkeit. Eine Priesterin achtet dabei vor allem auf eine gewisse Natürlichkeit und soziale Ausgeglichenheit.
Der dritte Weg beginnt ebenfalls bei der Erde, bei Malkuth und geht zu

Netzach, der Ebene der Schönheit und Liebe. Die Herrscherin beziehungsweise die Königin soll das Irdische nach kosmischen Prinzipien gestalten lernen. Dann wird die Welt auch schön. Die Liebe ist eine magische Kraft, sie kann alles annehmen und verwandeln.

Insgesamt hat man mit diesen ersten drei Wegen von Malkuth aus die Grundlagen für die drei Säulen gelegt, also für die drei vertikalen Bahnen. Die mittlere Säule verweist dabei auf den mystischen Weg, den der Magier beginnt. Der Mystiker will ja das Höchste erreichen, will zu Gott hinstreben, das ist sein Ziel. Er will das Göttliche in sich erleben, auf welcher Stufe auch immer. Der gnostische Weg der Erkenntnis wird durch die Priesterin beschritten und verweist auf die Säule der Strenge, wo das kosmische Gesetz zur Richtschnur wird. An einem Leben der Gerechtigkeit beziehungsweise eines gerechten Ausgleichs kommt der Mensch nicht vorbei.

Die Herrscherin beginnt den Weg zur Säule der Gnade. Wenn die Seele über das Irdische und die natürliche Liebe herrschen kann, so ist das ein Akt der Gnade, so wie überhaupt die Magie ohne eine Gnadenwirkung nicht zu erklären ist, zumindest nicht die heilige Magie, bei der das Göttliche zu wirken beginnt. Der magische Weg soll durch Weisheit und Liebe die Kräfte, die aus der unteren Erde aufsteigen, beherrschen lernen. Das ist der Königinnen-Weg.

Alle 22 Wege beschreiben zu wollen, würde den hier gesetzten Rahmen sprengen. Da kann sich jeder anhand der oberen Abbildung und den angeführten Beispielen selber seine Gedanken bilden. Daher hier nur sehr kurze Andeutungen.

Eine zentrale Sephirot ist Tipheret, die schöpferische Sonne. Der Herrscher beziehungsweise der König findet dorthin, wenn der Magier Jesod erreicht und erobert hat. Der Herrscher verbindet also den Mond (Jesod), die Seele mit der Sonne (Tipheret), dem Ich beziehungsweise mit dem schöpferischen Geist. Dabei ist aber immer auch auf den Ausgleich von linker und rechter Säule beziehungsweise von Hod und Netzach, von mehr männlichen und mehr weiblichen Energien, sowie von der Wahrheit und der Liebe zu achten, so wie dies die Aufgabe des Wagenlenkers ist. Auf einer höheren Ebene vollbringt diesen Ausgleich der Stern, das Arkanum des Mütterlichen und des Wachstums und noch höher ist es der heilige Narr, der zwischen Gesetz, Opfer und der Sphäre der Weisheit, des göttlichen Planes, den Weg finden kann, weil er den Weg der Liebe geht und somit sich selbst, sein Ego zugunsten eines Höheren opfern kann. Das macht ihn weise.

Interessant ist auch der Weg von Tipheret nach oben zu Kether, also vom schöpferischen Menschengeist zur All-Liebe, zu Kether. Dazwischen findet sich ein Punkt, Daath genannt. Er beschreibt keine eigene Sephirot, denn er ist ein Zustand, der dem Nichts entspricht. Der Weg dorthin wird durch das Arkanum: der Tod angezeigt. Auf dem mystischen Weg der mittleren Säule muss das Ich sich im Nichts verlieren, sich aufgeben, damit es von Oben befruchtet werden kann.

Im Nichts kann man aber auch stecken bleiben, eine plutonische Vernichtung kann sich ereignen. Aber auch hier ist es der heilige Narr, ist es der Weg der Liebe, der über den Tod ins ewige Leben führen will. Der heilige Narr verbindet also die waagerechte obere Ebene zwischen karmischem Gesetz und Weisheit, weil er den Stein der Weisen gefunden hat und die vertikale Ebene zwischen Mensch und Gott, die durch den Tod voneinander getrennt sind. Er nimmt den Tod, die Leere, das Nichts an, geht aber durch, bleibt nicht und an nichts verhaftet und gelangt so zu Kether, der Sphäre der göttlichen Liebe und Kraft.

Zwischen Binah und Kether ist der Weg des Gerichts beziehungsweise der Auferstehung und zwischen Chokmah und Kether findet sich die Welt, das Arkanum der göttlichen Freude, sowie der Weltenplan, also all die Urbilder und Prinzipien, die den Gang der Welt bis zu den tiefsten Ebenen beschreiben.

Wer sich tiefer mit den 22 Wegen oder Arcanen des Tarot beschäftigen will, darf sich in die: Meditationen über die großen Arcana des Tarot von Valentin Tomberg einarbeiten. Tarot heißt annäherungsweise übersetzt: Trumpf. Es ist also ein Trumpf, eine starke Kraft darin verborgen, die es sich lohnt, zumindest angeschaut und im weiteren geübt zu werden. Und wie gesagt, kann man die 22 Schriften, die ich bisher geschrieben habe, den Wegen des Tarot zuordnen. Diese Schrift hier soll dann im weiteren auch das Arkanum: die Welt ausführen, so wie die vorherige Schrift: Vom Taugenichts zum Narren, der das heilige Leben liebt - das Arkanum: der Narr widerspiegeln soll.

So bin ich hier selbst gespannt, was mir die Welt, das Arkanum der Freude noch sagen und offenbaren will. Denn die Welt leitet ein in die Säule der Gnade. Um die innersten Prinzipien der Welt erfahren zu dürfen, sind wir auf die Gnade von „Oben" angewiesen.

Nur eines lässt sich schon jetzt sagen, nämlich dass die urprüngliche Welt, dass der Schöpfungsakt im Grunde ein Ausdruck der Freude ist. Ohne Freude daran wäre die Welt niemals entstanden. Nehmen wir an dieser Schaffens- und Schöpferfreude anteil, so kann uns die Weisheit und Struktur der Welt zur Offenbarung werden. Die geistige Welt, sie enthüllt sich dem, der sich an ihr erfreuen, der sie lieben und der sie dankbar annehmen kann.

Urbilder und Symbole der kosmischen Welt anhand der Kaballa und des Tarot

Wie im vorigen Kapitel beschrieben zeigt die Kabbala in den 10 Sephirot und in den 22 Wegen des Tarot letztendlich den Weg von der Erde bis zu den Grenzen des Himmlischen auf.
Kether, die oberste Sphäre der Sephirot, verweist dabei auf die All-Liebe. Aus ihr entströmen letztlich auch die 22 großen Arkana, die 22 grundlegende Qualitäten beinhalten und auch ausdrücken, mit denen der Mensch wieder göttlich werden kann, das heißt, er kann auf diesen Wegen seine Göttlichkeit wiederfinden.
Das 22. Arkana ist: die Welt, das Arkanum der Freude, denn sie entströmt direkt aus der Sphäre der göttlichen Liebe. Die Liebe und die Freude umrahmen alles, sie durchziehen den ganzen Lebensbaum. Somit ist auch die Grundstruktur der Welt im Arkanum: die Welt zu finden. Im Tarot sind diese Grundstrukturen in den jeweiligen Symbolen, Farben und Zahlen in den verschiedenen Tarot-Karten angedeutet.
Da gibt es je nach Kultur verschiedene Karten-Decks und Symbole, doch die Grundprinzipien bleiben überall gleich, zum Beispiel im Ägyptischen Tarot, im Tarot der Zigeuner, in den Crowley oder Rider Waite Karten, im Marseilles-Tarot und anderen.
Die oberste Sphäre im Lebensbaum wird in der Kabbala Olam Atziluth genannt. Sie verweist auf die Welt der Emanationen, auf die Ausstrahlungen hin, so wie diese sich aus den himmlischen Welten in den Geistkosmos ergießen. In den verschiedenen Tarot-Kartenbildern deuten die Könige auf diese Sphäre der Ausstrahlung hin. Die Königinnen verweisen auf die nächst tiefere Sphäre, also auf die der göttlichen Offenbarung, auf Olam Briah, die auch Welt der Offenbarung genannt wird. Die Ritter deuten auf die Sphäre der Gestaltung, auch Jetzirah genannt und die Buben schließlich auf die Ebene der Form, Assiah genannt.

In der Reihenfolge König, Königin, Ritter und Bube sind Verdichtungen und Stufen zu erkennen, so wie sich auch die göttliche Welt allmählich immer tiefer bis in die physische Welt versenkt. Zusätzlich sind uns in den 4 Elementen Feuer, Wasser, Luft und Erde ebenfalls kosmische Kategorien angezeigt, die sich im Tarot als Stäbe (Feuer), Pokale (Wasser), Schwerter (Luft) und Münzen (Erde) zeigen. Daraus ergeben sich jeweils 4 Könige, 4 Königinnen, 4 Ritter und 4 Buben. Damit haben wir die Bereiche von Kether, also von der Krone bis zu Malkuth, der Erde abgedeckt.

Außer den 22 großen Arkana, die die Wege zwischen den 10 Sephirot aufzeigen, finden sich im Tarot-Kartenspiel dann 4 Könige, 4 Königinnen, 4 Ritter und 4 Buben, also weitere 16 Karten. Zusätzlich zu diesen zählt man noch 10 nummerierte Karten in den jeweiligen Bildern der Stäbe, Pokale, Schwerter und Münzen. Also kommen zu den 22 großen Arkanen insgesamt noch 56 kleine dazu.

Die kleinen Arkana verweisen in die Sphäre des Irdischen, also auf das Leben auf der Erde, auf Malkuth hin. Könige, Königinnen, Ritter und Buben deuten dabei auf die Einwirkungen der höheren Sphären, also auf kosmische Archetypen, so wie diese im Irdischen einwirken wollen. Eine Königin der Schwerter deutet somit auf die Sphäre der Offenbarung hin und da auf das Element Luft.

Luft beziehungsweise Schwerter stehen für das Seelische, das Denken und Erkennen.

Feuer beziehungsweise Stäbe stehen für das Geistige, den Willen.

Wasser beziehungsweise Pokale stehen für das Leben, das Emotionale und Gefühlsbetonte.

Erde beziehungsweise Münzen stehen für die Materie, die irdischen Bedürfnisse und Notwendigkeiten.

Mit diesen 16 Karten der Könige, Königinnen, Ritter und Buben können somit die gesamten Archetypen beschrieben werden, die im Menschenreich aus höheren Gründen des Seins zum Wirken kommen können. Die 40 weiteren Karten der kleinen Arkanen beginnen mit der Nummer 10 und gehen von da abwärts bis zur 1, die jedoch nicht als Zahl, sondern als Ass dargestellt ist. Also 4 Asse, 4 Zweier, 4 Dreier und so weiter bis zu den 4 Zehnern in den jeweiligen Farben oder Bildern der Stäbe, Pokale, Schwerter und Münzen.

Die 1 beziehungsweise das Ass verweist in der Zahlenlehre auf die Einheit, die 2 bedeutet Polarität, die 3 Begegnung, die 4 Struktur, die 5 Kommunikation und Bewegung, die 6 Harmonie und Ausgleich, die 7

Rhythmus und Vollkommenheit, die 8 Gesetz und Gerechtigkeit, die 9 Vollendung und die 10 umfasst das Ganze und bildet dabei den Übergang zu den höheren Sphären über der Erde.

In Beziehung zu den Elementen beziehungsweise zu den Kartensymbolen ergeben sich also verschiedene Nuancen, die letztlich Malkuth, die Ebene der Form, die also die Archetypen des Irdischen nach kosmischem Muster beschreiben. Jedoch verweisen die Zahlen 10 bis 1 auch ins Innere der Erde hinein, denn die Erde spiegelt in ihrem Inneren die 10 Sephirot wieder, nur in einer umgekehrten Polarität.

Asse sind die Meister von Malkuth, die Meister der Erde. Folglich zeigen die Zahlen und Symbole der kleinen Arkanen die Entwicklung des Menschen auf der Erde an. Im Okkultismus kennt man 9 Ebenen der inneren Erde, wobei mit der 10. Ebene, also mit den Assen ein Bereich hinzukommt, der diese 9 Ebenen transzendiert. Die 10 entspricht dann Malkuth, der Erde, die 9 Jesod, die 8 Hod, die 7 Netzach, die 6 Tipheret, 5 Geburah, 4 Chesed, 3 Binah, 2 Chokmah und 1 Kether. Nur, wie gesagt, haben sie im Inneren der Erde eine negative Bedeutung.

Zusätzlich können wir den 10 Stufen des Sephirot auch Planeten-Energien zuordnen, so wie dies aus der vorigen Darstellung ersichtlich werden kann.

Die Schichten und Sphären der inneren Erde enthalten jedoch auch negative beziehungsweise den Menschen feindliche Kräfte, die er auf der Erde zu meistern hat. Will der Mensch sich zum Göttlichen hin erheben, also den Weg der 22 großen Arkana beschreiten, muss er die Aufgaben und Wege der kleinen Arkanen beziehungsweise der irdischen und untersinnlichen Mächte und Gewalten meistern lernen.

Die Asse verweisen darauf, dass ein Weg in die Tiefen, bis zur Erdmitte hinein gegangen worden ist. Hier findet sich der Goldkern der Erde. Doch dahin kommen wir nur, wenn wir die Erdschichten, das Inferno in Dantes göttlicher Komödie durchwandert und durchschritten haben.

In den Mittelpunkt der Erde ist der Sonnen-Geist Christus eingezogen. Dahin müssen wir gelangen, hier erst spiegelt sich Kether beziehungsweise das himmlische Reich wieder. Ansonsten sind die inneren Erdschichten eine negative Spiegelung der oberen Sephirot. Auf Malkuth, auf der Erde beziehungsweise im Menschenreich beggnen sich alle Sphären und Archetypen. Im Folgenden sollen diese Erdschichten kurz angeführt werden mit dem zugehörigen Sephirot:

1. Erdschicht: mineralische Erde – Karte 10 Malkuth (Erde)
2. Erdschicht: flüssige Erde - Karte 9 Jesod (Mond)
3. Erdschicht: Erdendampf (Lebensimpulse) - Karte 8 Hod (Merkur)
4. Erdschicht: Urquell – Wassererde (Astralität) - Karte 7 Netzach (Venus)
5. Erdschicht: Fruchterde (Leben) - Karte 6 Tipheret (Sonne)
6. Erdschicht: Feuererde (Triebe) – Karte 5 Geburah (Mars)
7. Erdschicht: Erdspiegel (spiegelt Moralität) - Karte 4 Chesed (Jupiter)
8. Erdschicht: Zersplitterer (Vervielfältigungen) - Karte 3 Binah (Saturn)
9. Erdschicht: Kern-Hülle (das Nichts, das Böse) - Karte 2 Chokmah (Uranus)
Sonnensphäre der Erde (Kern – Mittelpunkt) - Karte Ass 1 Kether (Neptun)

So hängt doch alles mit allem zusammen. Der Kosmos bringt seine Struktur bis ins Irdische und in das Innere der Erde hinein. Jedoch, da bewusstseinsmäßig hinein zu kommen, erfordert schon einen hohen Grad auf dem Weg einer spirituellen Schulung beziehungsweise einer Einweihung.

Die Kräfte von „Oben" können aber helfen, sich im Irdischen besser zurecht zu finden. Somit hat der Tarot alle Ebenen, vom Göttlichen bis ins Innere der Erde erfasst. Dieses Erd-Innere spiegelt sich vor allem in den Aufgaben des irdischen Lebens. Wächst im Menschenreich das Triebhafte, das Astralische beziehungsweise die Unmoralität, so hat dies Auswirkungen bis in die Feuer-Erde hinein. Vulkane und Erdbeben können dann die Folge sein.

Dass die Zahlen bestimmte Qualitäten beinhalten, weiß die Numerologie schon sehr lange. Zusammen mit den Elementen, also den Stäben, Pokalen, Schwertern und Münzen (im Skat als Kreuz, Herz, Pik und Karo) verweisen sie auf irdische Lebensbereiche, die aus dem Zusammenklang von Kosmos und dem Inneren der Erde entstehen.

Ob man die Tarot-Karten nun als Orakel, also für eine persönliche „Seins-Bestimmung" heranziehen will, ist jedem selbst überlassen. Entscheidend ist viel eher der Aufbau, die Struktur des Ganzen, da diese sehr weisheitsvoll eine hohe Ordnung, einen Kosmos aufweist, den auch das Arkanum: die Welt verkörpert.

Näheres zum Arkanum: die Welt, wie auch zu den anderen Arkanen findet sich wie gesagt in meiner Schrift: Die großen Arkana des Tarot im Lichte der Hermetik oder in Valentin Tombergs Büchern: Meditationen zu den großen Arkana des Tarot, woraus ich selbst viele Impulse und Anregungen übernommen habe.

In früheren Zeiten waren die Menschen noch nicht so intellektuell strukturiert und gebildet. Da waren Bilder die Mittel, um die Seelen ansprechen zu können. Heute haben die Menschen meistens den Zugang zu Bildern und Symbolen verloren; sie wollen in ihrem Gedankenleben, im Erkennen erfassen: „was die Welt im Innersten zusammenhält". Somit kann der hier angeführte Aufbau und die Struktur des Lebensbaumes durchaus auch unser verstandesmäßiges Wissen- und Begreifenwollen befriedigen, wenn wir die Schlüssel dafür finden, um diese Bilder einordnen und deuten zu können.

Ich hoffe, mit den hier dargelegten Gedanken einige Hinweise in diese Richtung geben zu können. Sicherlich ist hier alles nur sehr kurz und unzureichend beschrieben. Mir geht es hier auch nicht um eine Deutung des Tarot beziehungsweise einzelner Karten, sondern um eine Anregung, wie man die Grundelemente und Prinzipien verstehen und einordnen kann, damit man Werkzeuge in den Händen hat, um mit diesen selbsttätig an entsprechende Bilder und Symbole herangehen zu können, um also eigene Schlüssel zu haben, um solche Bilder deuten und erkennen zu können. In diesem Sinne darf gerne weitergeforscht und probiert werden, wohl wissend, dass Bilder auch heute noch direkt zur Seele sprechen, wenn diese sich unbefangen dafür öffnen kann. Bilder und Symbole wirken, auch wenn wir sie nicht verstehen und einordnen können. Sie bewirken etwas und darauf kommt es letztlich an.

Ein Verständnis von der Struktur und dem Aufbau des ganzen Lebensbaumes kann aber auch das einzelne Bild erhellen. Denn dann sieht man es im Großen eingebettet, nicht mehr nur für sich alleine stehend. Und damit kann ein Weg verbunden sein, der aus einem Bewusstsein für das Ganze zu handeln beginnt. Denn zu leicht kann sich der Mensch heute in seinem Individualismus verlieren, nur noch sich und seine „Problemchen" sehen. Auch viele Bereiche der heutigen Esoterik wollen nur ein persönliches Weiterkommen, ein glückliches und erfolgreiches Leben und so fort. Dazu sollen ja oftmals auch Orakel beziehungsweise die Tarotkarten behilflich sein. Doch was nützt ein persönliches Glück, wenn Drumherum die Welt zu versinken droht?

Die Tarot-Karte: die Welt, ist das Arkanum der Freude. Doch diese

Freude kommt aus dem Ganzen, nicht so sehr aus den irdischen Begebenheiten und Anteilen. Sie will die ganze Welt umfassen. Sie will in alle Bereiche des Daseins einstrahlen, dann natürlich auch ins Individuelle, ins Persönliche hinein. Von da soll es aber auch dem Anderen beziehungsweise der Welt zugute kommen. Dies erst macht Sinn.

Wir können uns an und mit der Welt freuen, wir können aber auch an ihr leiden. Nur das Eine ohne das Andere haben zu wollen, wäre einseitig. So finden sich im Tarot wie auch in der Welt schwierige und leichte Aufgaben. Alles sollen und müssen wir durchwandern, bis wir alles annehmen und integrieren können. Aus den schwierigen und harten Prüfungen des Lebens erwachsen uns Kräfte, die wir sonst nirgends ausbilden könnten. Der Tarot beschreibt somit einen ganzheitlichen Weg, der nichts beschönigt, ausklammert und negiert. Alles dient darin dem Menschen für seine Höher-Entwicklung, auch die Tiefen. Das sollten wir nicht vergessen.

Und so können auch schwere Zeiten und Konflikte im Weltgeschehen zu einem enormen Bewusstseinswandel und seelischem Wachstum heranreichen, wenn wir den Blick für das Gute nicht verlieren, wenn wir also alles in einem positiven Geist betrachten lernen.

Im Endeffekt dient alles dem Guten, dem Hohen, dem Wahren und Schönen. Auch das Abgründige und Böse ist dabei nur ein Mittel, um dieses Gute und Wahre allmählich besser sehen und begreifen zu lernen.

In diesem Sinne können die Bilder und Symbole des Lebensbaumes, wie auch des Tarot uns eine echte Wegweisung anbieten. Wir dürfen den Vorangegangenen und denen, die dieses Meisterwerk erschaffen haben dankbar sein.

Ein kosmisch-irdisches Spiel

Viele Menschen laufen mit Sorgen und Trübsal durch die Welt oder sie jagen von Event zu Event, vom Amusement zum Abenteuer und damit zur Zerstreuung. Und doch zeigt sich nicht mehr allzu oft eine reine und natürliche Freude in ihrem Angesicht. Außer es scheint mal wieder die Sonne an einem herrlichen Tag und man gönnt sich ein paar Stunden der Muse und Erholung. Ansonsten muss immer etwas geboten sein, damit eine recht oberflächliche Freude beziehungsweise der Spaß und die Lust das Leben bereichern.

Eine reine und unschuldige Freude, wie sie noch einfache Menschen und naturnahe Völker besitzen, findet man in den westlichen, „zivilisierten" Ländern immer weniger. Zu viele Probleme, Sorgen und Aufgaben bringt die moderne Welt mit sich, da bleibt eine natürliche Ausgelassenheit, ein freudevoller „Müßiggang" und eine leichte Heiterkeit oftmals auf der Strecke.

Doch es sollte die Welt voller Freude sein. Die Schöpfung beziehungsweise unser Heimatplanet, die Erde ist so schön und so reichhaltig in ihren natürlichen Erscheinungen. Sie ist mit sehr viel Freude gemacht, das kann man überall spüren, wenn man versucht, seelisch in das Innere der Natur einzudringen. Überall kommt uns Freude entgegen – in einem Sonnen-Aufgang, in den „Gesängen" der Vögel und Insekten, im Rauschen der Wälder und in den Farben einer Landschaft.

Warum können wir uns heute nicht mehr so leicht an diese natürliche Freude und damit an die Schöpfung anschließen?

Meistens nehmen wir alles um uns herum als selbstverständlich und vorgegeben hin. Die Welt, so wie sie ist, ja, wir gebrauchen und verbrauchen sie und dies meist ohne Dankbarkeit, weil wir den Überfluss in allen sinnlichen und materiellen Dingen schon so gewohnt sind. Die Welt, wir genießen sie und sind doch nie ganz zufrieden.

Das liegt vor allem daran, weil wir den Schöpfungsprozess und damit die Schöpferfreude nicht mehr nachvollziehen, seelisch nicht mehr mitgehen, da wir im Inneren oftmals fest, träge, egozentrisch, verwöhnt, bequem und faul geworden sind. Könnten wir uns noch, wie die kleinen Kinder, am Wachsen und Blühen, am Keimen und Sprossen, am Gestalten und Bilden in der Natur erfreuen, an den Jahreszeiten, am Gesang, am Klang der Natur und vielem mehr, so spürten wir noch etwas von einem „Schöpfungslied", vom inwendigen Schaffen und Wirken der Schöpfermächte in der Natur, das aller Schöpfung zugrunde liegt.

In der indischen Geistesgeschichte kennt man ein Spiel, Lila genannt, das beschreibt insgesamt 72 Möglichkeiten oder Felder auf 8 Ebenen des menschlichen Bewusstseins. Von der Erschaffung des Menschen und der Welt auf der physischen, der ersten Ebene, die von den niederen Seelengründen beherrscht ist, soll sich das menschliche Bewusstsein höher und höher entwickeln, bis es in das kosmische Bewusstsein in der achten Ebene einmünden kann. Dieses Spiel beschreibt also die Entwicklung des menschlichen Bewusstseins auf den Ebenen der seelischen Vervollkommnung.

Durch Reinigung, durch Wohltätigkeit, durch selbstloses Dienen, durch rechtes Wissen und Gewissen, wie auch durch spirituelle Hingabe und Barmherzigkeit kann die Seele weiterkommen beziehungsweise in höhere Ebenen aufsteigen. Durch Egoismus, Unwissenheit, Gewalt und Eifersucht, durch schlechte Gesellschaft, Neid und Habsucht kann sie tiefer hinunterfallen. Danach dürfen wir uns wieder aufrappeln, aufwärtsstreben, hin zu den höheren Ebenen des Seins.

Nie werden wir diese hohen Ebenen mit einem Mal erreichen. Immer wieder fallen wir und immer wieder kommen Mühen, kommen uns Aufgaben und Prüfungen, damit aber auch neue Erkenntnisse und Fähigkeiten zu, die wir auf dem Weg zu diesem hohen Ziel uns allmählich erringen können. Ja, das Leben ist ernst, ist streng, manchmal auch hart und scheinbar ungerecht. Doch wenn man einmal eine höhere Ebene erreicht hat und zurückblicken kann, erscheint es weise und voller Hilfen und Gnade zu sein. Und wenn wir die obersten Sphären, die Ebenen des Absoluten erreicht haben, in denen sich himmlische Wonnen und eine kosmische Güte ausbreiten, sind alle Mühen vergessen. So wie bei einer Mutter, die alle Schmerzen der Wehen und Geburt vergisst, wenn sie ihr Kind in den Armen halten kann.

Zunächst müssen wir aber auf der physischen Ebene beginnen. Da hat man es mit der Welt der Maya, der Einbildung, mit der Welt der Sinnlichkeit, mit der Habsucht, mit Wahn, Zorn und Gier zu tun. Diese Kräfte wollen erkannt und gewandelt werden. Eine seelische Reinigung ist hier also angesagt, um von ganz dumpfen Begierden und Abgründen wegzukommen. Man kann seine Nichtigkeit erkennen, man kann Fanstasie entwickeln und nach schöneren und edleren Unterhaltungsmöglichkeiten Ausschau halten und man kann Erbarmen empfinden für die Seelen, die im Niederen gefangen sind. Dadurch kann man Aufsteigen und manchmal auch in höhere Ebenen gelangen. Wird auf dieser höheren, der astralen Ebene vor allem noch der Neid und die

Eifersucht als behindernd für die weiteren Schritte erkannt, so kann sich in der Seele durch eine Überwindung dieser Kräfte eine innere Freude einstellen, die dann nicht mehr von äußeren Dingen abhängig ist, sondern aus dem eigenen Inneren, aus der eigenen Seele erwächst. Mit dieser Freude gereichen wir sodann auf eine noch höhere Ebene, wo sich weitere Entwicklungsmöglichkeiten kundgeben wollen.

Da gilt es zunächst sein Schicksal, sein Karma zu erkennnen und es anzunehmen. Wohltätige Handlungen und Buße, also die Wiedergutmachung vergangener Fehler stehen hier vor allem an. Ein Leben in Einklang mit den kosmischen Gesetzen wird auf dieser Ebene verlangt. Schlechte Gesellschaft schadet, eine gute Gesellschaft fördert. Zu viel Kummer und Sorgen lässt stagnieren, ein selbstloser Dienst bringt gute Früchte, womit wir weiter aufsteigen können.

Ein religiöses Leben, das Streben nach Heil und eine Klarheit des Bewusstseins sind weitere Ebenen, die zu durchlaufen sind. Dabei ist ein inneres Gleichgewicht zwischen den höheren und den niederen Ebenen anzustreben. Wir müssen mit den Kräften des Höheren immer wieder auch in die Niederungen des Seelischen eintauchen, um diese läutern und wandeln zu können.

Letztlich kommt ja alles auf das richtige Erkennen an. Es soll die Unwissenheit weichen, ein rechtes Wissen von den höheren Sphären und Gesetzen bereitet die Geburt des höheren Menschen in uns vor. Dabei wird das Gewissen zu einem inneren Führer, das uns immer stärker mit den höheren Ebenen verbinden kann, wenn wir auch noch die Macht und andere seelisch-geistige Kräfte und Gewalten erkennen, die noch in uns schlummern und wenn wir bereit werden, diese in den Dienst des Höchsten stellen zu wollen und zwar durch eine spirituelle Hingabe.

Auf den höheren Ebenen wird der Egoismus immer feiner und trügerischer; er ist daher auch nicht mehr so leicht zu durchschauen. Unser Denken soll deshalb ganz von einem Welten-Denken durchdrungen sein. Negative und hochmütige Gedanken zeitigen hier einen Absturz in recht niedere Ebenen hinein. Je höher der Geist, um so tiefer kann er fallen.

Ist unser Denken und Gewissen rein, so tritt Glückseligkeit ein. Darin kommt die himmlische Welt zur Erscheinung. Ein innerer Raum ersteht, in den sich kosmische Güte und himmlische Wonnen ausbreiten können. Doch auch von da ist noch ein Fall möglich. Nämlich, wenn sich die Seele hier nur selbst genießen will, wenn sie passiv im „Absoluten" verweilen will, so wird sie zurückgeworfen, um auf der

Erde nochmals neue Erfahrungen machen zu können.
Im kosmischen Spiel gibt es keinen Stillstand. Die höchsten Eingeweihten haben die schwierigsten Aufgaben zu bestehen. Der Wunsch nach Ruhe, nach Erhabenheit, Freude und Glück ist selbstischer Natur, wenn man am Liebsten dauerhaft darin verweilen will. Gewiss, wir sollen die Himmelskräfte in uns hereinlassen und sie in uns tragen, damit aber allen anderen Wesen dienen, bis auch diese die höheren Sphären erreichen können.
Mit einer „Sonne" im Herzen lassen sich auf jeden Fall die „grauen" Erdentage leichter ertragen und bestehen. Wir bringen Licht in das Dunkel, auch in das eigene, wenn wir immer wieder bestrebt sind, diese innere Sonne zu suchen und es vermögen, aus ihrem warmen Quell zu trinken. Dann kehrt Freude ein.
Es ist dies die Freude des Himmels, die auch in der Schöpfung wirkt. Ja, die Schöpfung ist aus Himmelskräften aufgebaut. Nur mischen sich manchmal finstere Seelenkräfte hinein, die die Freude trüben und die den reinen Schöpfungsakt verunstalten, so dass wir die Welt so vorfinden, wie sie eben ist: Gepaart mit Licht- und Finsterniskräften, die sich reiben und manchmal auch bekämpfen. Doch gut ist es, dies als ein Spiel, ein kosmisch-irdisches Spiel zu betrachten, denn dann bleiben wir leichter, lockerer und heiterer und nehmen das Leben nicht so schwer. Ansonsten versinken wir allzu leicht in Trübsal und Depressionen oder wir versuchen mit vielen Ablenkungen vor der harten Realität zu fliehen.
Ja, Amusement und Zerstreuung, aber auch „Burn out" und Depressionen greifen um sich und breiten sich aus, das ist ein Signum unserer Zeit. Begreifen wir die Schwere, auch die innere Finsternis, jedoch als eine Aufgabe, als ein Hindernis, das es „spielerisch" zu überwinden gilt, also mit einem gewissen sportlichen Ehrgeiz, so gereicht das Negative, das Dunkle, das Fehlerhafte und Bedrängende schließlich dazu, dass wir einen Schritt in eine höhere Ebene, in eine reinere Sphäre tun können und dies auch sollen. Dann hat nämlich alles seinen Sinn gehabt.
Im kosmischen Spiel hat alles eine Bedeutung. Selbst das kleine Pflänzchen, das sich mit viel Mühe und Kraft seinen Weg durch eine harte Erdkruste bahnt, kann uns zu einem Gleichnis werden, an dem wir uns erfreuen dürfen, weil alles in der Welt letztlich dem großen Licht, der ewigen Sonne zustreben will.
So dient auch das Böse letztlich einem Guten. Denn es fordert uns auf,

sich diesem Bösen wie auch dem Guten erkenntnis- und bewusstseinsmäßig zu nähern, wenn man nicht am Bösen zugrunde gehen will. Am Bösen leiden wir mit der Zeit so lange, bis wir uns für das Gute entscheiden und uns von dessen Klammerungen befreien lernen.
Zunächst scheint es aber öfters so zu sein, dass uns die bösen Kräfte viele Vorteile und Annehmlichkeiten verschaffen können. Ja, das Böse kann faszinieren und es kann mit vielen „Geschenken" locken und verführen. Aber irgendwann fesseln die Mächte und Wesenheiten, die hinter solchen Versuchungen stecken oder zerstören sogar. Der Mensch schädigt durch ein böses Denken, durch eine fanatisierte oder kalt berechnende Ideologie, wie auch durch ein amoralisches Tun nicht nur die äußere Welt, sondern auch sich selbst in seinem inneren seelischen Sein. Und dies führt zwangsläufig zu karmischen und gesundheitlichen Dispositionen, für die wir daher immer nur selbst verantwortlich sind. Kein Gott kann da etwas für oder dagegen tun, sonst würde er ja unsere Freiheit missachten. Der freie Mensch ist in die Selbst-Verantwortung geworfen, ob wir das gut finden oder auch nicht.
Letztlich kann das Gute auch nur selbst gefunden werden, das heißt, nicht mehr von einer Obrigkeit beziehungsweise von Außen vorgeschrieben sein. Das Gute wird gefunden, wenn wir in spielerischer Weise mit den Extremen des Irdischen umgehen lernen. Dabei gilt es eine Mitte zu finden, in der man die gegensätzlichen Pole ausgleichen kann. Das Böse, Krankmachende und Negative zeigt sich ja in einem zu wenig oder zu viel, in einem zu früh oder zu spät, in einem zu fest oder zu auflösend, in einem zu kalt oder zu heiß, eben in einem Extrem, egal auf welchem Gebiet auch immer. Eine gesunde Mitte, die sich spielerisch auch nach den Seiten hin bewegen kann, schafft Ausgleich und damit auch die Möglichkeit zu einer freien Gestaltung. Denn es gibt ja auch Bereiche, in denen extreme Fähigkeiten förderlich sind. Nur muss das freie Ich der kreative Gestalter sein und auch bleiben können.
Zwischen Weltsucht und Weltflucht hat sich der Mensch zu bewähren. In der Welt, aber nicht von der Welt, so lautet hier die spirituelle Devise. Die Verbindung und der harmonische Zusammenklang von kosmischer und irdischer Welt im Menschen selbst, bringt diesen erst wirklich voran. Lernen wir, eine Freiheitssphäre zu finden zwischen kosmischen Gesetzen beziehungsweise den moralischen Idealen und den irdischen Bedürfnissen und Notwendigkeiten, so reifen wir langsam heran zu einem sich selbst bestimmenden, freien und mündigen Zeitgenossen, der das Spiel des Lebens zu spielen gelernt hat.

Nicht in den Extremen, auch nicht im radikalen Streben nach „Oben" oder in der Erdensucht nach „Unten", ist das Gute zu finden, sondern viel eher irgendwo dazwischen in einem gemäßigten, vernunftbegabten und verantwortungsvollen Umgang für sich selbst, für seine Mitmenschen und für das Wohl der ganzen Welt. Nicht weniger und nicht mehr ist hierbei gefordert.

Wir schaffen das – mit Vertrauen und Muse, manchmal auch mit Ringen und Kämpfen, mit Scheitern und Neubeginnen, aber vor allem mit viel Empathie und sehr viel Liebe – zu allem was ist. Auch dem Bösen, das uns letztlich zu dieser Liebe hinführen wird, dürfen wir dankbar sein und es ganz besonders achten und schätzen lernen und es mit einem Strahl unserer Liebe umhüllen und damit integrieren lernen. Das Böse kann dadurch miterlöst und schließlich einmal unser „Diener" sein. Es hat sehr starke Kräfte in sich, die wir nicht negieren sollten. Dienen sie uns, gewinnen wir selbst an Stärke und Kraft. Entscheidend dafür wird aber sein, dass wir selbst dem Guten, dem Wahren und dem Schönnen zu dienen bereit geworden sind.

Auch wenn das Böse gegen das Gute, gegen das Göttliche ankämpfen tut, es wird dies nur so lange tun, bis wir es als eine Kraft erkennen, die, frei nach Goethe, stets das Böse will und doch das Gute schafft. Das kann mitunter zwar dauern, aber es fordert uns schlussendlich dazu auf, das Gute zu tun. Ansonsten würden wir uns nur selber schaden.

Was wäre ein Schauspiel ohne Bösewichte. Nur alles schön und wohlig zu haben, ohne Spannung, ohne Herausforderung, ohne Kraft, das wäre auch den himmlischen Wesen nicht genug. Und so gibt es auch in den geistigen Welten Herausforderungen, Kämpfe und damit eine Weiter-Entwicklung und Wachstumsmöglichkeit.

Und zuletzt siegt dann, wie in einem Schauspiel, doch immer wieder das Gute. Darauf dürfen wir vertrauen. Denn derjenige, der das Schöpfungsstück geschrieben hat, er hat für uns alle darin ein gutes Ende vorgesehen. So ist dieses Schöpfungsspiel letztendlich gut. Auch der Mensch ist ja im Kern, im Innersten seines Wesens gut, denn er ist göttlicher Natur. Dies ist schließlich unsere Hoffnung, dies ist unsere Kraft, diese schenkt uns Mut und dies führt zuletzt auch zu unserem Sieg. Vor dem Licht der inneren, der göttlichen Sonne wird alle Finsternis vergehen.

Von menschlichen und kosmisch-geistigen Werten

Werte werden von Menschen gemacht. Aus der Not, aus einem Mangel, aus Katastrophen und Schwierigkeiten heraus, vor allem auch in zwischenmenschlichen Gegebenheiten und Zerwürfnissen, besinnt sich der Mensch und schafft Werte, die ein besseres Zusammenleben ermöglichen. So und so ähnlich hört man dies von philosophisch orientierten Zeitgenossen, die eine moralische Welt über sich, die also einen Wertekanon an sich verneinen.

Wenn man die Geistesgeschichte der Menschheit unvoreingenommen verfolgt, kann man aber zu einem anderen Ergebnis gelangen. Jeder Religionsstifter, sei es ein Buddha, ein Zarathustra, ein Krishna, ein Hermes, ein Moses, ein Jesus Christus oder ein Mohammed, bringt für die damalige Zeit und Region neue Werte in die Menschheit hinein, die in den damals dort lebenden Menschen so noch nicht vorhanden waren.

Nehmen wir als Beispiel die Feindesliebe, die der Christus vorgelebt hat. Aus dem „Natur-Menschen" heraus ist diese Feindesliebe nicht möglich, da gilt die Macht des Stärkeren. Erst der Geistes-Mensch, also der Mensch, der sich dem Geistigen öffnet und dieses in seine Seele einlässt, vermag es mit viel Geduld, Zeit und Selbstüberwindung, etwas von dieser Liebe in sich zu verwirklichen. Da sind wir also noch lange nicht an ein Ende gekommen. Oder nehmen wir das: „Es gibt keine größere Liebe, als dass jemand sein Leben hingibt für seine Freunde". Wer vermag dies schon? Der Christus hat es vollbracht – und damit ist diese Liebe zumindest als ein Keim in der Welt angekommen.

Buddha brachte Milde, Mitleid und Weisheit. Krishna forderte Arjuna auf, auch gegen seine Verwandten zu kämpfen. Das heißt, er musste um der höheren Werte und der Wahrheit willen aus seinen naturgegeben Gemeinschaftszusammenhängen heraustreten, was in damaliger Zeit unmöglich erschien, da der einzelne Mensch noch ganz in einem Gruppen-, Stammes- oder Familienzusammenhang eingebunden war.

Hermes erkannte, lehrte und brachte kosmische Gesetze in das irdische Bewusstsein hinein, die sogenannten hermetischen Prinzipien, mit denen das Irdische durchdrungen ist. Das sind zunächst keine seelischen Werte, aber wenn man diese Prinzipien versteht, kann das Leben danach ausgerichtet werden. Das erste Prinzip lautet bekanntlich, dass das Geistige der Primat ist für das Stoffliche und dieses durchdringt.

Wenn nun selbst Philosophen den Geist aus den materiellen und irdischen Bedingungen erklären wollen, ist ja in dieser Hinsicht einiges schief gelaufen. Kein Wunder, wenn dann in der Folge die Welt nur noch in materialistischen, in unsicheren und oftmals in ängstlichen seelischen Ebenen und Stimmungen agiert, so wie dies heute vermehrt zutage tritt.

Zarathustra hat auf den Kampf zwischen den Licht- und Finsterniskräften hingewiesen. Leider haben dies viele Zeitgenossen vergessen. Wendet sich der Mensch vom Licht des Geistes, vom Licht der Wahrheit, der Liebe und des Guten ab, so können die Mächte der Finsternis schalten und walten, wie sie wollen. Die Lüge, der Hass, die Verblendung, der Hochmut und der Egoismus breiten sich aus. Der Geist der Spaltung erfasst vermehrt die Menschen, man trennt zwischen Guten und Bösen, sich selbst und zum Beispiel den Schurkenstaaten, zwischen Gläubigen und Ungläubigen, zwischen humanistisch Gebildeten, den Gutmenschen und dem ungebildeten, dummen Pöbel und so fort.

Der Geist der Liebe trennt aber nicht. Selbst im Islam ist ein zentrales Anliegen die Barmherzigkeit, ein Wert, den wir in allen Lebensbereichen anwenden können. Dann brauchen die Schwächeren und „Ungebildeten" nicht mehr abgelehnt und ausgegrenzt werden, wie dies mit manchen „rechtskonservativen" Strömungen allzu leicht geschieht, die natürlich auch selbst ausgrenzen und andere Gruppierungen wie Ausländer und Flüchtlinge stigmatisieren.

Würden wir die Werte, die aus Religionen und überhaupt aus dem geistigen Leben herauswachsen, wirklich annehmen und leben, sähe die Welt heute anders aus. So aber suchen viele den starken Mann, den großen Führer, der sie in unsicheren Zeiten führen soll, der ihnen sagt, wo es lang geht. Hatten wir das nicht schon einmal?

Es geht aber nicht wirklich in einem guten Sinne voran, wenn wir einseitig in der Geschichte einen Schritt in die Vergangenheit machen, als zum Beispiel noch ein Pharao oder ein Kaiser aus Gottes Gnaden gewirkt und entschieden haben. Die westliche Welt ist heute in die Freiheit und in die Mündigkeit entlassen worden. Die geistige Welt hat sich seit der sogenannten Götterdämmerung mehr und mehr zurückgezogen. Religionen und Herrscher sollen daher nicht mehr von „Oben" herab delegieren. Der Mensch muss lernen, aus sich selbst, aus seinem Wesenskern heraus, zu erkennen und zu handeln.

Der freie Bürger soll Verantwortung für sich selbst übernehmen, auch wenn dies manchmal anstrengend und nicht leicht zu bewältigen ist.

Aber jeder Einzelne kann heute Werte finden, die über sein persönliches Empfinden und Sein hinausgehen, die also eine menschheitliche Größe aufzeigen und darstellen. Dadurch wächst er selbst in dieses „Größere" hinein.
Wenn man das Werte-Tableau und Niveau der heutigen populistischen „Volksführer" anschaut, so sind diese eher „klein", am Egoismus, an Ängsten, an Nationalismen, also an einem begrenzenden Gruppenhaften und oftmals an einem persönlichen Machtzuwachs ausgerichtet. Menschheitliche, also humanistische Werte, die für die ganze Menschheit gelten, findet man da meistens gar nicht.
Christliche Werte sind aber menschheitliche Werte, sie sind nicht nur den sogenannten Christen gegeben, denn Christus ist der Menschheitsgeist selbst. Er ist sozusagen der Genius, das höhere Ich der Menschheit. Seine Werte sind universell.
Jedoch, auch er hat „Gegenspieler", so wie das Licht immer auch einen Schatten wirft. Luzifer ist der Bringer der menschlichen Freiheit, einer Freiheit, die sagt, dass der Mensch machen kann, was er will. Dies führt in letzter Konsequenz natürlich meistens in einen Egoismus und Narzissmus hinein, wenn nicht noch zu dieser Freiheit andere Werte hinzukommen können, wie zum Beispiel die Verantwortung auch für das Ganze übernehmen zu wollen.
Christus erkennt die menschliche Freiheit an, er verurteilt sie nicht, aber er gibt ihr noch eine andere Richtung, nämlich die der Selbstüberwindung. „Wer sich nicht verliert, wird sich nicht finden". Eine Hingabe, ein Altruismus, eine Liebe für das Größere, für den „Vater" lässt aus dem persönlichen Egoismus herauswachsen. Das Du wird wichtiger. Christus hat solche Werte aber nicht nur gepredigt und gelehrt, er hat sie vorgelebt. Das ist das Entscheidende.
In späteren Zeiten wurden einige solcher universalen Werte dann auch im menschlichen Gemeinwesen als Richtlinien und Gesetze verankert, wie in den Idealen der französischen Revolution, in den Menschenrechten oder in unserem Grundgesetz.
Dabei ist zu beachten, dass das Ideal der Freiheit heute eine enorme Bedeutung gewonnen hat und zwar im Sinne einer individuellen Freiheit, auf die niemand mehr verzichten will; andererseits die sogenannte Brüderlichkeit beziehungsweise die Geschwisterlichkeit, also die Solidarität zwischen den Menschen und der Erde immer weniger gelebt und oftmals mißachtet wird. Das heißt mit anderen Worten, wir sind noch lange nicht fertig mit der Anwendung und dem Gebrauch solcher

menschheitlich-ideellen Werte. Sie müssen immer wieder durchdacht und innerlich bewegt werden, damit sie im Irdischen ihren würdigen Platz finden können.

So ist die Freiheit im Wirtschaftsleben, zum Beispiel in einer neoliberalen Wirtschaft, fehl am Platz, weil sich da mit der Zeit nur die Stärkeren und Reicheren durchsetzen werden. In die Wirtschaft gehört die Brüderlichkeit, so wie die Gleichheit in das Rechtsleben gehört, wo jeder Einzelne die gleichen Rechte vor dem Gesetz erhalten soll. Dies macht Sinn, so wie die Freiheit in das Kultur- und Geistesleben gehört. Ohne geistige Freiheit (Presse, Bildung, Kunst, Wissenschaft und Religion) geraten wir zu leicht in Gruppenzwänge und autoritäre Systeme hinein.

Folglich darf es auch in Religionszusammenhängen keinen Gruppenzwang, also auch keine Dogmen mehr geben. Die individuelle Freiheit in der Religion bedingt einen Weg, den der Einzelne in persönlicher Verantwortung zu gehen hat, um das Göttliche in sich selbst finden zu können. Äußere Institutionen können ihm dabei nur noch raten und ihn auf seinem Weg unterstützen. Feste Vorschriften und Regeln schränken den eigenen Weg zu Gott meistens leider ein. Da muss jeder folglich auf sein Inneres, auf sein Gewissen hören lernen, was gut oder schlecht für ihn selber ist. Die innere Stimme weiß am Besten, was gut für den Einzelnen ist. Dies proklammierte ja schon ein Martin Luther.

Dazu wäre natürlich noch sehr viel zu sagen, doch es geht mir hier vor allem darum, aufzuzeigen, wo Werte eigentlich herkommen, nämlich aus den geistigen Sphären und moralischen Welten, die auch in uns sind (als Gewissen, Ideale und Tugenden). So gibt es immer auch Menschen, die einen direkten Zugang finden zu diesen geistig-moralischen Welten und von da inspiriert werden, um damit der Menschheit neue Impulse geben zu können.

Ein Friedrich Schiller zum Beispiel, verwandelte solche allgemeingültigen Werte in seinen Dramen so, dass sie in der damaligen Zeit Impulse setzen konnten, die über das Gewordene, also über das Standesdenken und die gesellschaftlichen Sitten und Normen hinauswiesen. Die Liebe eines Paares, die im Drama: „Kabale und Liebe" wegen Standesunterschiedlichkeiten verhindert werden sollte, konnte darin trotzdem siegen. Die Liebe ist im Endeffekt also stärker als gesellschaftliche Normen.

Jede Zeit hat damit ihre Aufgaben, auch heute noch. Ich denke aber, wir brauchen heute keine neuen Religionsstifter oder Wertebringer mehr, denn gute und zukunftsweisende Werte und Ideale gibt es genügend.

Sie müssen nur angewandt, gelebt werden und da ist doch jeder Einzelne aufgerufen. Jedoch, wie vorher angedeutet, müssen die Werte und Ideale ihren rechten Ort finden, damit sie zu einem Heil gereichen können. Denn sonst werden sie von den Finsterniskräften mißbraucht und ins Gegenteil verkehrt.

Gerade in unseren Tagen erleben wir eine Zunahme von dumpfen und egoistisch geprägten Emotionen. Man sucht vermehrt den „Feind" im Außen, im Ausländer, im Flüchtling, im Moslem oder im Juden und übersieht dabei, dass der eigentliche Feind sich in das eigene Seelische eingenistet hat. Denn in Gefühlen des Neides, des Hasses, des Zorns, der eigenen Überschätzung und Überbewertung und damit der Mißachtung Anderer, ja allen Lebens, können sich die Widersachermächte einschleichen und von da immer mehr seelischen Besitz ergreifen, so dass einzelne Menschen nur noch zu Marionetten solcher finsterer Wesenheiten gereichen.

In der westlich-christlichen Welt geht es, als Beispiel für die Werte-Debatte, viel um Toleranz. Wem oder was gegenüber ist Toleranz angesagt und wo hört die Toleranz auf? Dies ist ja in des Menschen Freiheit gestellt, wie überhaupt alle Werte es sind. Kein Gott sagt mehr, was wir zu tun und nach welchen Normen wir zu leben haben, wie noch in alten Zeiten oder in Kulturen, die in ihrer gesellschaftlichen Entwicklung diesen individuellen Freiheits-Impuls noch nicht errungen haben. Dadurch gibt es im Zeitalter der Globalisierung natürlich auch gewisse Spannungen, weil viele Menschen eben diesen Freiheits-Impuls noch nicht so stark in sich entdeckt haben. Und so können sich immer noch machtgierige „Führer" zeigen, die diesen Menschen Ordnung, Sicherheit und Führung versprechen, sei es in religiöser, politischer oder wirtschaftlicher Art.

Wir müssen heute immer stärker die Verantwortung für uns selbst und für die Welt übernehmen. Davor scheuen sich aber noch viele Menschen und wollen deshalb lieber einen „Führer", sei es im Religiösen, im Politischen oder auch im Spirituellen, der ihnen sagt, wo es lang gehen soll. Wollen wir individuelle Freiheit erlangen, die aber nicht immer so einfach zu finden ist, so müssen wir für uns selbst gerade stehen und die Verantwortung übernehmen. Religiöse und humanistische Werte können uns dafür eine Richtschnur anbieten, leben und umsetzen muss sie aber jeder Einzelne selbst.

„Toleriere" ich alles, auch das Unmögliche und Kranke, aus falsch verstandener Toleranz, was letztlich einem Desinteresse nahe kommen kann oder zeige ich in meiner Toleranz auch ein Interesse und ein Verstehen-Wollen, baue ich also eine Begegnung, Berührung und Beziehung damit auf, das ist doch ein beträchtlicher Unterschied, der über Sinn und Unsinn dieses Wertes mitentscheidet.

Fazit: Werte kommen aus einem menschheitlich umfassenden Wertekanon, sie müssen aber vom Menschen angenommen und selbstständig in die irdische Welt eingelebt werden. Und wie vielleicht ersichtlich wurde, sind Werte nichts Statisches, sie unterliegen einem zeitlichen Wandel, das heißt, sie geben den Zeiten neue Impulse, damit diese aus dem Geistigen, aus den kulturellen Werten heraus, eine Neu-Orientierung finden können.

Also weisen moralische und kulturelle Werte auch auf einen Zeitgeist hin, der aber nicht verwechselt werden sollte mit bestimmten Moden, die sich meist eine schlaue Wirtschaft ausgedacht hat. Manchmal fordern aber auch technische Erfindungen die Menschen auf, einen bewussten und reifen Umgang mit diesen Erneuerungen zu finden, was zum Beispiel die Atomtechnologie oder auch die Digitalisierung und Elektronisierung unseres Alltags betrifft. Da braucht es tiefere Erkenntnisse über Gefahren und ein rechtes Maß sowie Schutzvorrichtungen, also auch Begrenzungen, die wir erst noch lernen müssen. Überhaupt scheint mir, dass die Grenzen, also auch die Grenzsetzungen in unserer Zeit eine zentrale Herausforderung darstellen. Sei es in der Flüchtlingsfrage, in der Pädagogik oder im persönlichen Gebrauch mit Stimulanzien, mit technischen Errungenschaften und mit dem Besitz, mit dem Haben-Wollen im allgemeinen. Hier bedarf es einer starken Selbst-Disziplin, damit wir Grenzen einhalten und auch Grenzerfahrungen in einem gesunden Sinne machen können.

Im Keim sind alle Werte und Tugenden aber auch schon da, weil das Urbild und das Ziel des Menschen, des Menschheitlichen schon dagewesen ist. „Ecce homo" - siehe der Mensch. Das reinste Menschentum war im Irdischen da und ist es auch heute noch, nur nicht mehr in stofflicher Form. Daran können wir uns ausrichten und versuchen, allmählich immer mehr und immer edlere Werte aus diesem reichen Kanon in uns und in der sozialen Welt umzusetzen. Dadurch wächst der Einzelne und damit auch das Ganze einem menschlicheren Sein entgegen.

Vom Glück der Freiheit

Viele Menschen gibt es, die in Zwangssystemen leiden und sich nichts sehnlicher wünschen, als eine politische oder kulturelle Freiheit, die es ihnen erlaubt, ihr Leben nach eigenen Maßstäben gestalten zu können. Doch kann es überhaupt ein gesellschaftliches System geben, das solche Vorraussetzungen schafft oder liegt es in der Natur des Menschen, dass er über andere bestimmen und herrschen, sie folglich zum Sklaven machen will, in dem politische, religiöse, wirtschaftliche oder auch familiäre und andere Gruppen-Systeme geschaffenwerden, die erst eine Unterdrückung möglich machen.
Gewiss, es gehören zu den Herrschern immer auch noch die, die sich beherrschen lassen. Und das kann sich manchmal auch recht schnell umdrehen, wenn zum Beispiel nach einem Aufstand, einem Putsch oder einer Revolution die zuvor Unterdrückten und Gepeinigten an die Macht gelangen.
Es leben in jedem Menschen, mehr oder weniger, soziale und antisoziale Kräfte in dessen Seele. Welche Seite überwiegt, ist dies nun ein Glück, ein Schicksal oder einfach nur harte Arbeit an sich selbst?
Frei von irgendwelchen Machthabern zu werden, ist ohne persönliche Wandlung und ohne ein persönliches Opfer meistens nicht zu erringen. Denn die Freiheit muss gewollt, sie muss erarbeitet und zuweilen auch erkämpft werden. Dann erst kann das Glück der Freiheit auch gelebt und genossen werden.
Die Freiheit ist also ein sehr hohes Ideal, dem wir meistens immer nur entgegen streben dürfen. Denn Freiheit in allen Bereichen des Lebens erreichen zu können, hat wohl kaum jemand vollkommen verwirklicht. Doch auf welchem Gebiet will und soll sich die Freiheit zuerst verwirklichen?
Eine Freiheit im Konsum und im Meckern gegen bestehende Strukturen ist uns in Europa zumeist gegeben. Genügt dies aber schon? Kann die Freiheitsidee nicht noch in höhere Dimensionen vorstoßen, wenn wir nicht nur eine Freiheit anstreben, tun und lassen zu können, was wir wollen, sondern dass wir auch eine innere Freiheit erleben, die uns von den Bürden des Schicksals, die uns von seelischen Zwängen und Abgründen befreit und uns ins „freie Land", ins Land der höchsten Ideale und der edelsten Seinsgründe führen kann?
Mit anderen Worten, können Ideen und Ideale, können Tugendhaftig-

keit und Menschlichkeit zu einer Freiheit hinführen, die den Menschen aus seinen niederen Beweggründen herauslösen können, da diese ihn mit der Zeit festhalten und versklaven werden, wodurch sich der Mensch also immer in eine Unfreiheit hineinbringt, weil er sich eben bestimmten Abhängigkeiten und Süchten ausgeliefert hat?

Ohne Ideale und Tugenden, ohne Ziele, die dem freien Menschen entsprechen, kommen wir nur schwer aus den Niederungen des eigenen Seelischen heraus.

Die höchste Idee, die sich ein Mensch bilden kann, ist Gott. Wenn wir nun diese Idee zu einem Ideal werden lassen, dem wir zustreben wollen, bedeutet dies in logischer Konsequenz: Gott ist das Ideal des Allerhöchsten. Von ihm geht alles aus, zu ihm kehrt alles zurück.

Dieses Ideal dürfen wir in uns als einen Herzenswunsch entdecken, es in unserem Herzen ausbilden. Das heißt mit anderen Worten, wir dürfen Gott in uns entdecken, wenn wir fähig werden, dafür ein Herzens-Bewusstsein zu entwickeln. Doch wie kommen wir zu einem solchen Herzens-Bewusstsein?

Mit den gewöhnlichen, intellektuellen Gedanken und seelischen Gefühlen sicherlich nicht, denn diese bleiben meist im Alltäglichen und Irdischen verhaftet. Ein meditativer Weg darf deshalb entwickelt werden. Dieser beginnt mit einer seelischen und gedanklichen Ruhe. Eine innere Ruhe erringen wir, wenn wir durch eine Konzentration auf etwas Bestimmtes, zum Beispiel auf den Atem, auf den Körper, auf einen ideellen Gedanken, auf ein Bild oder einen inhaltsreichen Satz, alles andere in der Seele ausschließen können. Nur das, auf was wir uns konzentrieren, soll Inhalt der Seele sein. Dabei soll die Konzentration mit der Zeit eher mühelos, also nicht angestrengt und zwanghaft verlaufen.

Und auf was soll man sich am Besten konzentrieren? Da gibt es ja auch Methoden und Symbole, die gefährlich und verwerflich sind, weil sie in schwarzmagische oder zumindest auch in ungesunde, krankmachende Bereiche einführen können. Am Besten ist es daher, sich auf das erhabenste abstrakte Ideal zu konzentrieren, das es überhaupt gibt, nämlich auf das Göttliche selbst. Denn dieses übersteigt alle irdischen Begriffe und Vorstellungen.

Ein reines Gewahrsein ist daher anzustreben, das diesem hohen Ideal gewidmet ist. Damit kann eine Wandlung des Seelischen, des Gemütes stattfinden. An der Stelle des normalen Bewusstseins erwacht mit der Zeit ein Bewusstsein des Herzens, wenn wir uns auf das höchste Ideal, auf Gott besinnen und ihn in uns, in unserem Herzen gewahr werden wollen. Wenn alltägliche Gemütsbewegungen und Seelenschwingungen schweigen, kann das Herz erwachen, aber auch nur dann, wenn wir dies tatsächlich wollen. Keine Sentimentalitäten und illusionäre Wünsche sind es, die das Innere bewegen sollen, sondern eine reine und wahrhaftige Liebe, die zum Ideal, die zu Gott hin ausgerichtet ist. Gott lebt in unserem geistigen Herzen.

Schweigen die Gedanken, die Gefühle und Wünsche des normalen Seelenlebens, wird die Seele wie zu einem stillen See, der den Himmel über sich zu spiegeln beginnt. Ein neues Bewusstsein entsteht, das von diesem Herzenswunsch, das von der Herzensliebe gehalten wird. Dieser Wunsch ist eine lebendige Kraft, er zieht uns zu dem Ideal, zu dem er gerichtet ist – und das Ideal zu uns.

Wir beginnen langsam die Wirklichkeit dieses allerhöchsten Ideals in uns zu spüren. Nicht mehr nur als Wort, als Gedanke oder als Bild, in das die Seele normalerweise alle Wahrnehmungen kleidet. Wir benutzen ja Begriffe und Bilder, um die Welt erkennen und erklären zu können. Das höchste Ideal übersteigt aber alle Worte und Begriffe. Daher bleibt letztlich nur ein tiefes Schweigen, eine tiefe Ruhe übrig, die sich in uns hineinsenken kann. In dieser Stille beginnt die Kontemplation, die Vereinigung mit dem Ideal, dem sich der tiefste Herzenswunsch zugeneigt hat.

Da ist innere Freiheit. Da erst sind wir frei von Sorgen, von Krankheit, von Ängsten, von Unglück und dem ständigen „Rattern" des gewöhnlichen Seelenlebens.

Alle Freiheit hat aber ihren Preis. Wer noch am Niederen, an den Verlockungen und Zerstreuungen des allzu Irdischen hängt, wird die innere Freiheit nicht erachten. Er sucht das Glück im Äußeren. Da gibt es ja auch sehr viele Möglichkeiten des Glücks. Ein Lotterie-Gewinn, ein guter Job, eine liebe Familie, Wohlstand und viele sinnliche Ergötzungen, jedoch das irdische Glück, es währt meist nicht sehr lange, da Ängste, Sorgen und Krankheiten damit eben nicht beseitigt werden können. Nach einem Höhepunkt folgt meistens eine Niederlage. Nur immer in der Höhe verweilen zu wollen, also ein Dauer-Glück, auch einen ewigen „kosmischen Orgasmus" erleben zu wollen, ist letztendlich ein Ausdruck menschlicher Wollust und Gier.

Das Glück, es will gesucht und erarbeitet sein. Das Glück des Tüchtigen, der durch harte Arbeit sein Glück verdient, er weiß, dass ihm nichts geschenkt wird, er kann stolz und glücklich sein auf das Werk,

das er geschaffen hat. Dieses Glück können wir aber nur erfahren, wenn wir die Freiheit haben, auch das tun zu können, was wir uns wünschen. Folglich muss ich die äußeren Möglichkeiten und Mittel haben, um meine Wünsche und Sehnsüchte verwirklichen zu können.
Bei der inneren Freiheit können wir uns aber nur selbst behindern. Die äußere Freiheit ist von politischen, kulturellen und wirtschaftlichen Systemen abhängig. Da sind wir in den westlichen Ländern mit zahlreichen Möglichkeiten gesegnet, das sollten wir nicht vergessen. Diese haben wir unseren Vorfahren zu verdanken, die sich dafür eingesetzt haben. Ihnen dürfen wir dankbar sein.
Individuelle Freiheit erreichen wir, wenn wir selbstbestimmt im Leben das verwirklichen und gestalten können, was wir uns aus Einsicht und Erkenntnis, aber auch aus der Sehnsucht des Herzens heraus wünschen. Glück erfahren wir, wenn wir eine Aufgabe, ein Projekt, ein Ziel gefunden und erfolgreich beendet haben. Der Weg dorthin kann jedoch mitunter sehr beschwerlich sein. So ist ein dauerhaftes irdisches Glück eine Illusion, wie auch eine Freiheit, die an nichts mehr haftet, die also von allem frei ist.
Wir können eben frei von etwas sein und wir können frei für etwas werden. Frei für eine Aufgabe, für eine Verantwortung, auch für eine Pflicht, weil wir deren Notwendigkeit erkennen; dies erschafft beziehungsweise ermöglicht einen Weg, der uns nicht unbedingt frei lässt, auch nicht immer glücklich macht, doch der uns einen Sinn, eine Erfüllung und eine Zufriedenheit schenken kann.
„Freiwillige Abhängigkeit ist der schönste Zustand und wie wäre der möglich ohne Liebe". Dies ist ein Ausspruch Goethes, der besagt, wenn wir eine Aufgabe aus Liebe gewählt haben, wir darin eine große Erfüllung und Sinnhaftigkeit erfahren können. Das, was wir in Liebe, was wir gerne tun, das macht uns frei; vielleicht nicht im äußeren Sinne, jedoch aber so, dass wir uns innerlich angenommen, geerdet, sinnstiftend und zufrieden fühlen, in der Liebe wachsend und uns mit der Zeit dadurch auch glücklich wähnen dürfen.
Die Liebe ist ein Kind der Freiheit. Sie kann nur gedeihen, wenn wir uns in Freiheit für etwas entscheiden. Zu diesem „Etwas" kann die Liebe hinwachsen, sei es ein Mensch, sei es eine Aufgabe, sei es Gott, ein Naturwesen oder die Erde selbst. Die Liebe, die sich mit dem „Gegenstand" ihrer Betrachtung, also auch mit ihrem eigenen Herzenswunsch vereinigt, bewirkt das Glück.
Wollen wir dauerhaftes Glück, so muss der Gegenstand unserer

Betrachtung, so muss unser Herzenswunsch auf etwas Dauerhaftes, auf Ewiges gegründet sein. Ist es unser Herzenswunsch, sich in Freiheit mit dem Göttlichen zu vereinen, so kann mit andauernder Übung, mit dem Glück des Tüchtigen, einmal ein Zustand erfahren werden, den man am ehesten mit Glückseligkeit beschreiben kann.

Zum Glück haben wir auch die Freiheit, sich für diesen Wunsch und Weg entscheiden zu dürfen. Denn dann brauchen wir auch nicht mehr so stark den kleinen und kurzen Glücksmomenten hinterher zu laufen. Das große Glück kommt uns inwendig entgegen, wenn wir es mit ganzem Herzen, mit ganzer Seele, in Freiheit und in Liebe suchen wollen. Das große Glück, das erhabenste Ideal, das ist Gott. In ihm finden wir Freiheit, Liebe, Güte und das große Glück.

Vom Sinn-Verlust zu einem Werte-Wandel in einem neuen gesellschaftlichen Werden

Die sich ausbreitende Globalisierung auf allen Gebieten des Lebens macht inzwischen immer mehr Menschen Angst. Traditionelle und gesellschaftliche Sicherheiten geraten immer stärker ins Wanken. Das Vertrauen in die staatlichen Organe schwindet, da diese den Problemen meistens nur noch hinterherlaufen oder sie auf Jahre hinaus verdrängen. Wirkliche Konzepte zur Beseitigung der sich anhäufenden Schwierigkeiten fehlen größtenteils.

Überfremdung, teure Mieten, Klimaveränderung, Kriege, Armut und Flüchtlinge, eine sinkende Moral, mehr Gewalt und Kriminalität und ein stetig wachsender Egoismus gefährden den gesellschaftlichen Zusammenhalt. Spaltungstendenzen zwischen Arm und Reich, zwischen Links und Rechts, zwischen Religion und Atheismus, zwischen Fortschritt (Moderne) und Tradition, zwischen Multikulti und Nationalismen und vielem mehr nehmen zu. Gerade diese „Moderne", die noch vor ein paar Jahren den technischen Fortschritt gepriesen hat, wird inzwischen von vielen angezweifelt. Denn was bringt die Technik, wenn sie den Menschen in der Arbeitswelt überflüssig macht oder durch eine Überwachung, Digitalisierung das persönliche Leben durchsichtig macht oder durch die weltweiten Nachrichten alle Unglücke und

Katastrophen meistens sehr schnell ins eigene Bewusstsein, sprich ins Wohnzimmer schickt?

Dadurch entsteht zunehmend eine Über-Komplexität, zu viele Nachrichten und Informationen, die man kaum mehr verarbeiten kann. Das ist vielen Menschen einfach zu viel; unterbewusst sehnen sich viele, vor allem auch die Jugend nach Überschaubarkeit und Einfachheit, nach Traditionen, wie zum Beispiel dem Dirndl und den Lederhosen auf den Volksfesten und nach Leitbildern, die keine Revolten oder radikale Reformen, wie sie noch die „68 iger" Jugend forderten, erzwingen wollen, sondern die für eine gesunde Umwelt, für Familie und Beruf, also für recht konservative Werte eintreten.

Auf der anderen Seite werden durch die sogenannten „sozialen" Medien Scheinwelten erzeugt, wo es meist nur noch darum geht, ob einem etwas gefällt oder auch nicht. Damit werden die Menschen immer mehr hingelenkt zu Stimmungen und Emotionen, nicht mehr die Fakten, die Wirklichkeiten zählen, dagegen viel eher nur noch das subjektive Empfinden. Dies ist vor allem ein Ausdruck einer zunehmenden Egomanie.

So treten auch immer mehr sogenannte Populisten auf, das sind die „Vereinfacher" und meist auch die Rückwärts-Denker, die manche Stimmungen, Befürchtungen und Ängste in gewissen Bevölkerungsschichten durch Parolen und Lügen noch verstärken und dann durch einfache Lösungen, wie „Ausländer raus" auf Wählerfang gehen, letztlich nur um die eigenen Machtgelüste befriedigen zu können. Das Volk wird belogen beziehungsweise auch, das „Volk" will durch einfache und überschaubare Lösungen belogen werden. Und dies, weil man meist zu bequem im eigenen Denken geworden ist und sich lieber den Stimmungen und Emotionen überlässt, die demzufolge aus den Untergründen der Seele aufsteigen können.

Ein zeitgemäßes Denken, das sich ein Bewusstsein bilden kann von den Ereignissen und deren Hintergründe im Weltgeschehen, muss sich mühsam viele Nachrichten, Informationen und Quellen aneignen, um ein möglichst objektives Bild erhalten zu können. Im Zeitalter der Bewusstseinsseele, in dem wir drinnenstehen, ist es eher ein Rückschritt, wenn man sich auf Gefühle und Stimmungen verlässt beziehungsweise sich darin zurückzieht. Ergreifen wir nicht die Aufgabe der Bewusstseins-Erhellung, eines bewussten Durchschauens der gegenwärtigen Ereignisse, kann eine Gesellschaft auch in kollektive Pathologien ausarten, so wie dies in unseren Tagen ansatzweise zu beobachten ist.

Da entsteht auf der einen Seite eine Übererregtheit, eine Massenhysterie, zum Beispiel bei den Wutbürgern, die nur noch auf alles schimpfen und in allem eine Verschwörung sehen, auch in der „Lügenpresse" und ähnlichem. Zum anderen entsteht eine Flucht in Scheinwelten hinein, in Computer- und Party-Welten, man verdrängt die gesellschaftlichen Notwendigkeiten und Wirklichkeiten und genießt sich selbst im subjektiven „Rausch" und dies eben auch als kollektives Phänomen.

Auf der anderen Seite steht eine gewisse Untererregtheit, eine latente Depression, alles wird nur noch negativ gesehen, eine Lähmung und Stagnation breitet sich aus. Da tragen auch die Medien dazu bei, wenn sie meist nur noch auf der Jagd nach Unglücken, Katastrophen und Bedrohungen hinterher sind. Wenn wir viel mehr mit positiven Nachrichten „gefüttert" würden, die es natürlich auch gibt, sehe die Welt auch besser aus. Doch das Gute ist meist nicht so spektakulär, eher unscheinbar und auf langsames Wirken angelegt. Bei all dem „Mist", was die Medien und vor allem die TV-Programme anbieten, wundert es nicht, wenn die Menschen immer dumpfer, passiver, roher und auch krimineller werden. Sicherlich gibt es da auch interessante und lohnenswerte Sendungen, aber auch da muss man auswählen und sich klar darüber sein, was man sich alles „reinziehen" kann, zum Guten wie zum Schlechten hin.

In diesen Zeitphänomenen lässt sich somit unschwer eine Spaltungstendenz erkennen. Eine Lösung beziehungsweise eine Gesundung kann sich aber nur in der Mitte zwischen Übererregung und Abdämpfung ausbilden. Die Eindrücke und Informationen von Außen sollten dabei nicht zu stark auf das eigene Innere einwirken können, also sollte sich der Mensch nicht zu sehr von Außen bestimmen lassen. Aber auch die eigenen seelischen Stimmungen sollten ihn nicht überschwemmen.

Der Mensch muss in sich eine Instanz, ein „Mitte" finden, die ihn unabhängig beobachten, einordnen und agieren lässt. Diese Mitte ist in seinem Ich und durch dieses gegeben. Das Ich soll folglich der Mittler sein zwischen Außen und Innen, zwischen Links und Rechts, zwischen Abschottung und Öffnung, was die Grenzen des Eigenen wie auch der Gesellschaft betrifft, zwischen Fortschritt um jeden Preis und der Verhaftung in Traditionen und Dogmen und vielem mehr.

Letztlich geht es darum, dass wir eigene Erkenntnisse gewinnen, nicht mehr, dass wir uns einem „Vorgedachten" unreflektiert anschließen, egal von welcher Seite dies geschieht. Die Bewusstseinsseele erfordert eben ein selbstständiges Erkennen.

Sich den Ereignissen aussetzen, sich auf sie einlassen und ihnen sich passiv ausliefern beziehungsweise ihnen nur standhalten und sie über sich ergehen lassen, genügt nicht. Passiv in einer Opferrolle gegenüber Zeitereignissen zu verharren oder lauthals dagegen Anschreien oder sich nur in einem universellen Mitgefühl mit den Armen und Verfolgten dieser Welt als ein sogenannter „Gutmensch" zu präsentieren, ist zu wenig; denn ohne ein richtiges Denken, das die Hintergründe, nicht nur im Politischen, sondern auch im Spirituellen erkennt, kann es zu keinen fruchtbaren Lösungen oder gar zu Visionen für eine gerechtere Welt kommen.

Diese Lösungen entstehen jedoch nicht nur aus den Vorkommnissen und Zuständen der gesellschaftlichen Entwicklungen und der Zeitereignisse, sondern vor allem auch aus den Ideen und Idealen für gerechte und soziale Strukturen und Gestaltungen, die sich aus einem humanistischen Geist und einem neuen Denken ergeben, die in der Folge sinnstiftende gesellschaftliche Strukturen, eine gerechte, humane und faire Verteilung der Güter und ethische Leitbilder erschaffen, die letztlich Mensch, Erde und Kosmos in einen Zusammenklang bringen können.

Eine neues Denken, das sich auch von kosmischen Archetypen und Urbildern befruchten lässt, kann kulturelle Werte und Ziele generieren, die geistige, soziale und ökologische Werte umfassen und beinhalten können. Dies erst macht Sinn. Eine Zeit, in der es an humanen Zielen und Werten fehlt, wird sich in eine ungesunde Richtung entwickeln müssen. Gerade in Friedens- und in Wohlstandszeiten ist es ganz besonders wichtig, nicht zu erlahmen und sich auf dem Erreichten auszuruhen. Der Weltgeist duldet keinen Stillstand und kein Erschlaffen. Neue Ziele und neue Werte bringen wahrhaft voran.

Traditionen allein reichen hier nicht mehr aus. Aber ein Fortschrittsglaube, „die Technik wird es schon lösen", auch nicht. Entscheidend ist, was die Menschen wollen, was die Bürger und Verbraucher wollen, nicht nur die sogenannten Eliten aus Wirtschaft, Poltitik und Wissenschaft.

Will eine Gesellschaft gesunden, muss sie vor allem im Sozialen genau hinschauen und darauf acht geben, dass sie die Schwachen und Langsamen nicht vergisst. Im Wirtschaftsleben sollen möglichst alle in einem Arbeitsprozess teilnehmen und teilhaben können. Arbeitslosigkeit ist ein Unding in einer sozialen Welt. Hier gilt es die Arbeit zu teilen.

Im Kulturellen müssen die besten Ideen und Innovationen sich etablieren können. Der Geist des Neo-Liberalismus ist schädlich, wenn wir ihn auf die Wirtschaft oder auf die Politik anwenden. Das Freiheitliche gehört in die Kultur. Hier darf es keine Bevorzugung oder Ausgrenzung beziehungsweise eine Auswahl durch bestimmte Gremien geben, wie in der Kunst und Wissenschaft, wo beschlossen wird, was zum Beispiel moderne Kunst ist und zu sein hat, was gefördert wird oder was die Wissenschaften forschen und lehren sollen. Eine materialistisch eingestellte Wissenschaft, die alles Leben aus der Materie erklären will, ist ein Dogma. Andere Ansätze einer lebensnahen Wissenschaft und Technik werden heute meist noch verhöhnt, verlacht oder totgeschwiegen. Freiheit in der Kultur heißt aber Vielfalt, auch in der Bildung. Keine Hypothesen und Dogmen dürfen herrschen, nur um sich selbst gute Gehälter und eine gewisse Macht zuschreiben zu können.

Die Gesellschaft wird sich erst erneuern und damit gesunden können, wenn sich der „Einheitsstaat", der alles regeln will, sich auf die eigentliche Aufgabe des Staatswesens beschränkt und die anderen Gebiete, die Kultur beziehungsweise die Bildung in die Selbstverwaltung entlässt und die Wirtschaft ihren eigenen Bereich selber gestalten kann und zwar in der Zusammenarbeit von Produzenten, Dienstleistern, Händlern und Verbrauchern, die die eigentlich Wirkenden im Bereich des Wirtschaftslebens sind.

Dominiert die Wirtschaft, wie in unseren Tagen, weil die Kultur so schwach geworden ist? Und ist die Kultur so schwach, weil sie im staatlichen Korsett vor sich hin-vegetieren muss?

Ideale und Werte für ein gesellschaftliches Zusammenleben sollen aus der Kultur heraus entstehen. Dabei hat sich eine freie Wissenschaft nur der Wahrheit zu beugen beziehungsweise diese als ihre Richtschnur zu deklarieren. Die Kunst soll sich der Schönheit hingeben. Die menschliche Welt soll durch die Kunst schöner werden.

Kunst beschreibt den Weg zum Schönen hin. Schön wird etwas, wenn es mit Liebe erschaffen wird. Die Liebe macht schön. Dabei darf auch ruhig das Unschöne, das Hässliche, also auch ein bestimmter Zeitgeist kritisch betrachtet werden. Kunst muss aber transformieren, zum Schönen hin, das aber immer auch wahr und gut sein muss. Und die Religion hat sich dem Guten zu widmen. Durch Religion soll der Mensch das Gute in sich erfassen und erbilden können. Da ist natürlich noch sehr viel Arbeit zu leisten. Vor allem auch die Institutionen des Religiösen und Spirituellen sollten hier einen Vorbildcharakter aufweisen.

An diesen Idealen des Wahren, Schönen und Guten fehlt es heute zumeist. Werden diese nicht gefördert, tritt oft ihr Gegenbild auf. Die dunklen Geister verzerren dann ins Gegenteil. Die Wissenschaft dient heute mehr und mehr dem Geld, also der Wirtschaft, in dem sie Produkte erforscht, mit denen man viel Geld verdienen und Macht ausüben kann. Leider hat sich in großen Teilen auch die Kunst von ihrem Ideal verabschiedet. Sie soll nur noch provozieren, originell, subjektiv und auf die Zeit bezogen sein, so ist das gängige Kunstverständnis. Eine zeitüberdauernde, auf ewigen Werten, auf Archtypen und Urbildern gründende Kunst findet man heute recht selten. Und die Religionen werden inzwischen von vielen „modernen" Zeitgenossen als überflüssig erklärt, da sie selbst als verkrustet und veraltet, bisweilen auch vom Bösen okkupiert in Erscheinung treten.

Ist die Kultur sehr schwach, so kann die Wirtschaft beziehungsweise das Geld alle Bereiche des Lebens beherrschen. Das System aus Geld und Macht muss aber durchschaut werden. Denn auch populistische „Rattenfänger" und Faschisten streben vor allem nach Macht und Geld. Und dies mit Hilfe der Wirtschaft im System des Kapitalismus oder durch die Religion, heute vor allem in islamisch geprägten Regionen oder in autoritären Systemen durch die politische Macht. Ein Machtmensch wird immer Wege finden, um seine Sucht ausleben zu können.

Damit aber solche Menschen an die Spitze einer Gesellschaft treten können, muss in dieser Gesellschaft das Verlangen nach Macht oder Geld beziehungsweise nach dogmatischen und vereinfachenden Werten und Richtlinien vorhanden sein. Wo ist jeder Einzelne in seinem Seelensein noch der Gier nach Geld, Macht und Größe zugetan? Dies bestimmt letztlich, von wem wir regiert werden.

Schaffen wir ein Bewusstsein und humane Werte für ein Handeln, das eine andere Welt ermöglicht, wird diese auch kommen können. Jeder hat hier sein Seelensein zu durchforsten, um erkennen zu können, wo in ihm selbst noch Reste einer Habsucht, einer Machtsucht und einer Ruhmsucht stecken. Bevor diese nicht in sich selbst gewandelt sind, werden uns deren Auswirkungen immer wieder von Außen begegnen müssen, damit wir daran lernen und uns wandeln dürfen. Eine Selbst-Erkenntnis ist also angesagt.

Jeder Einzelne hat im Endeffekt nur Macht über sich selbst. Lernt man nicht, sich zu beherrschen, projiziert man die Macht meist nach Außen, das heißt, man unterdrückt dort, weil man den eigenen Machttrieb nicht sehen, nicht erkennen und dadurch nicht beherrschen kann oder will.

Bleiben die Menschen vermehrt in „Stimmungswellen", in Emotionen und Leidenschaften hängen, werden wir harten Korrekturen entgegen gehen. Der Weltgeist duldet keinen Stillstand oder gar einen Rückwärtsgang. Wer zu faul zum Denken ist und daher die einfachen Lügen und Täuschungen bevorzugt, wird die „Welt" ernten, die er gesät hat. Das zeigt die Geschichte immer wieder. Gerade wir Deutschen sollten daraus gelernt haben.

Wir sollten daher erkennen, dass wir selbst es sind, die die Schicksalsmacht und die Kraft zur Wandlung in unseren eigenen „Händen" halten. Daher brauchen wir das Übel nicht im Anderen, bei den Flüchtlingen, den Juden, den Finanz-Haien, bei den korrupten Managern, bei Populisten oder sonstwem suchen.

Letztlich geht es ja um Werte und um eine Sinnhaftigkeit, mit denen wir die Welt mitgestalten sollen. Mit einer ethischen und moralischen Einstellung im Geist des Menschlichen, des Guten, Wahren und Schönen, werden wir auch die Ideen und Impulse bekommen, mit denen wir die anstehenden Probleme im gesellschaftlichen Leben am Besten lösen können.

Mensch der Erde

Warum lebt der Mensch auf der Erde? Steckt dahinter ein Sinn oder ist alles nur ein Produkt des Zufalls, so wie dies manche Wissenschaftler erklären wollen?

Nur eines ist eindeutig: Seid der Mensch auf der Erde ist, geschieht eine Entwicklung durch und mit ihm und dies vor allem, weil er ein Lernender und Forschender ist. So kann man zunächst sagen, dass ein Sinn zweifelsfrei der ist, dass der Mensch auf der Erde etwas zu lernen hat. Dabei geht eine allgemeine Richtung in die Entwicklung von einem Geschöpf, von einem natürlich Geschaffenen und damit von einem „Untertan", der von „Oben" und manchmal auch von Außen geführt und gelenkt wird, hin zu einem Mitschöpfer, zu einem Weiterführer der Schöpfung, also vom Geführten zum Führer beziehungsweise vom Geschöpf zum Schöpfer.

Dieser Bruch spiegelt sich natürlich auch in Gesellschaftssystemen wieder, wo die einen sich anmaßen, über andere bestimmen zu können. Und so ist die Menschheitsgeschichte immer auch ein Versuch gewesen, dass sich Einzelne wie auch Menschengruppen von Zwangssystemen und Fremdherrschaften befreien wollten. Und dies ist bis heute nicht abgeschlossen. Denn gerade gewisse Machthaber und Populisten nehmen den Anspruch für sich heraus, vieles besser zu wissen und dadurch für den „Rest" des Volkes nach ihrem Gutdünken „sorgen" zu können. Also bildet ein Elite-Denken die gesellschaftliche Grundlage für Systeme, die von „Oben" herab regieren wollen. Natürlich gehören dafür aber auch die dazu, die sich gerne führen lassen, weil sie selbst noch nicht genügend die Schritte gemacht haben, sich zu einem schöpferischen, lernenden und eigenständigen Wesen hinzubewegen.

Dass solche Einstellungen noch nicht wirklich demokratietauglich sind, dürfte daher einleuchten. Denn in Demokratien geht es ja darum, dass sich jeder Einzelne als mündiger Bürger um seine politischen Verantwortlichkeiten und gesellschaftlichen Aufgaben selber kümmern lernt. Nur seine Verantwortung alle paar Jahre durch Wahlen an Politiker abzugeben, genügt hier noch nicht wirklich, wenn jeder doch selbst zu einem „Führer" und Gestalter seiner eigenen gesellschaftlichen Belange werden soll.

Sicher, es gibt Bereiche, wo nur mit Sachverstand entschieden werden kann und wo es daher Fachleute benötigt. Aber was Fragen des Zu-

sammenlebens und der politischen Gewalt angeht, die jeden Bürger betreffen, sollte inzwischen jeder Erwachsene mitbestimmen dürfen.
Zum Beispiel wollen die Menschen in Fragen des Konsums und der Freizeitgestaltung selber entscheiden, was für sie das Gute und Richtige ist. Im Politischen begnügen sich viele aber immer noch damit, dass Andere für und über sie Entscheidungen treffen können. Da ist folglich noch ein weites Gebiet für ein neues Lernen und für neue Entwicklungsmöglichkeiten hin zu mehr Mitbestimmung und Demokratie.
In ganz frühen Zeiten der Menschheitsentwicklung fühlte sich der Mensch der Erde noch untertan. Er opferte, betete und bat um günstige Bedingungen für sein Überleben. Heute hat sich dies ins Gegenteil verkehrt. Die Erde ist dem Menschen mehr und mehr untertan geworden, da er durch Intelligenz und Technik auf ihr und mit ihr machen kann, was er will. Doch auch dabei sind ihm Grenzen gesetzt, da wir von ihr schließlich abhängig sind. So ist die Erde uns heute vielmehr anvertraut, wir haben für sie Sorge zu tragen, so wie sie uns eben auch seit Jahrtausenden ernährt und erhält.
Auf dem Verhältnis zur Erde beruht letztlich auch eine Kultur-Entwicklung und damit die Freiheit des Menschen. In früheren Zeiten war der Einzelne beziehungsweise auch ein Stamm oder ein Volk noch weitgehend von der sie umgebenden Erde abhängig. Die Jäger und Sammler lebten noch sehr direkt von ihr. Erst die Ackerbauern und Viehzüchter nahmen die Verantwortung für sich und ihre Stämme vermehrt selbst in die Hand. Aber auch da war noch vieles von einem „größeren Geist", zum Beispiel dem eines Stammes oder eines Volkes beziehungsweise auch von eingeweihten Priestern geregelt. In neuerer Zeit geschah dann auch hier ein Bruch, da die industrielle Landwirtschaft und die Massentierhaltung nicht mehr viel mit einer Kultur zu tun hat, die noch mit der lebendigen Erde in einem Zusammenklang und einem Miteinander steht. Die Natur wird meist nur noch ausgebeutet. Allein der Gelderwerb beziehungsweise der Profit zählt in den großen Konzernen der Chemie und der Nahrungsmittel-Industrie, die selbst die Geschöpfe der Natur zu diesem Zweck manipulieren und patentieren wollen, weil sie dadurch eine sehr große Macht über den „Rest" der Menschheit ausüben können.
Hier ist also für viele Menschen noch ein sehr weites und großes Feld gegeben, um sich vom Geführten zu einem eigenverantwortlichen, freien und unabhängigen Zeitgenossen hin zu entwickeln, der selbst imstande ist, sich eine eigene Führung zu geben und dies nach selbst-

erkannten und selbstgewählten Einsichten und Motiven.

Das heißt schließlich auch, das Zeitenschicksal ermahnt uns immer wieder, wach zu bleiben, denn die Kräfte, die herrschen und versklaven wollen, werden so schnell nicht ruhen. Denn sie sind letztlich sogar nötig, damit der Mensch einem Erwachen, einem größeren und weiteren Bewusstsein zugeführt werden kann. Wenn er sich dieser Bewusstseins-Entwicklung verschließt, wird Unglück, Schmerz und Leid die Folge sein, da eine Fremdherrschaft immer auch mit dem Verlust von Eigenheit und Freiheit zusammenhängt.

Als Kind ist man noch abhängig von den Eltern und Erziehern, die uns führen und tragen. Als Jugendlicher begehrt man dagegen auf, weil man erwachsen, das heißt selbstbestimmt leben will. Kulturgeschichtlich gab es analog dazu die Revolutionen, die sich von der Macht der Kirche, des Adels, des Staates, der Feudalherren und zukünftig von der Macht der Wirtschafts-Lobbyisten und Konzerne, sowie von den „Oligarchen" und dem damit verbundenen Geldsystem befreien konnten und können werden. Also nochmal ein weites Feld für persönliches Wachstum und Freiheit.

Schließlich kann hier aber auch eingesehen werden, dass es keine Freiheit des Menschen geben kann ohne ein sogenanntes Böses, das die Aufgabe hat, den Menschen zu einer Selbsterkenntnis, zu einem Bewusstsein von sich selbst, von seinen Mitmenschen und von der Erde hinzuführen. Welche Kräfte wirken da?

Die Natur, die Pflanzen- und die Tierwelt ist ja nicht böse. Sie ist eingebettet in eine höhere Ordnung, aus der sich der Mensch befreien kann und auch weitestgehend befreit hat. Dadurch wird er aber auch verantwortlich für sein Tun. Durch diese Freiheits-Möglichkeit, durch dieses Heraustreten aus der kosmischen beziehungsweise der „paradiesischen" Ordnung hat sich der Mensch Kräften preisgegeben, die ihn für ihre eigenen Belange ge- und mißbrauchen wollen. Da wäre die Habgier, die Ehrsucht, die Machtsucht, der Neid, die Gier, der Hass und vieles weitere zu nennen, die in der Natur noch nicht individuell erscheinen, erst im Menschen können sie von dessen Seele Besitz ergreifen.

Für eine weitere Entwicklung, für ein zukünftiges Leben ist es daher notwendig, über sich selbst wie überhaupt über die natürlichen Belange hinaus zu gehen, hinaus zu wachsen. Mit einem erweiterten Bewusstsein, das höhere Welten einzuschließen versucht, wird es mit der Zeit möglich werden, Schicksalskräfte im individuellen und kollektiven Leben erkennen zu können. Und dies vor allem, wenn wir bereit werden, mit den höheren Wesen und Geistern zusammen zu arbeiten, die die Einzel-Schicksale noch lenken. Aber dann nicht mehr so sehr als Geführte, sondern eher als freiheitlich gesinnte Wesen, die sich brüderlich verbinden mit den Himmelskräften, mit den Engeln, mit dem Zeitgeist sowie den Naturkräften, um diese erleben und verstehen zu lernen. Dadurch sind wir auch von den dunklen Mächten besser geschützt. Der Mensch muss und kann wählen zwischen „Himmel und Hölle", also auch zwischen dem Guten und dem Bösen. Tut er dies nicht, wird er mit der Zeit ein Opfer des Bösen werden, denn die guten Kräfte lassen dem Menschen seine Freiheit, während die Bösen verführen, versuchen und ihn fesseln wollen.

Leider mangelt es in unseren Tagen vor allem an konstruktiven Ideen und Visionen für eine gesunde und gerechte Welt. Man will oftmals am Liebsten so weiterwurschteln wie bisher. Die Gründerväter unserer Verfassung wie auch eines vereinten Europas hatten noch Visionen und Ziele für eine friedliche, freie und soziale Gesellschaft der Zukunft. Die ältere Generation, die noch den Krieg und die Nachkriegszeiten erleben mussten, wissen diese Ideen einer positiven Erneuerung noch zu schätzen. Fehlt es nämlich an gesunden Ideen und Visionen, können sich die negativen Kräfte zwangsläufig vermehren.

Die heutige Jugend, die meist in Wohlstand und Konsum ohne großen Sorgen aufwächst, hat den Sinn für eine positive und gesunde Gesellschafts-Entwicklung leider oftmals schon verloren. Man ist das gute Leben so gewohnt und meint, es müsste immer so weitergehen, ohne dass man sich dafür anstrengen muss. Aber dadurch können sich Schwierigkeiten und Aufgaben einschleichen, die uns wachrütteln werden. So rennt man den gesellschaftlichen Problemen meist nur noch hinterher, zum Beispiel den riesigen ökologischen Herausforderungen, die eine wohlstands- und konsumorientierte Gesellschaft mit sich bringt. Doch an gesellschaftliche Veränderungen, wie sie noch die „68 iger Jugend" gefordert hat, wagt man sich meist nicht heran, da der Wohlstand eben allzu bequem und lasch machen kann.

Zudem schauen die meisten jungen Menschen nur noch, dass sie beruflich einen sicheren und gut dotierten Job bekommen können. Ansonsten will man die Welt erkunden und genießen. Aber wie lange noch?

Einseitige seelische Tendenzen können mit der Zeit zu bestimmten Krankheiten führen. So ist die zunehmende Krebs-Erkrankung kollektiv gesehen ein Zeichen dafür, dass sich die Menschen zu sehr dem Geist des Irdischen, des kalten Intellekts, der Angst und der Lüge ausliefern,

also den satanischen beziehungsweise den ahrimanischen Mächten, die sich vor allem durch und in einem „westlichen" Materialismus und in einem mechanischen, abstrakten Denken breit machen können.
Entzündliche, „heiße" Krankheiten werden eher von den diabolischen beziehungsweise den luziferischen Mächten hervorgerufen, die im Rausch, in der Sinneslust und im Eigenstolz ihr Wesen ausbreiten können.
Der Mensch hat dazwischen eine gesunde Mitte zu finden, also zwischen Erdensucht und Erdenflucht auszugleichen. Dies erfordert aber eine echte und wahrhaftige Anteilnahme an den Belangen, Kräften und Wesen der Natur und der ganzen Welt.
Was ist schließlich der Mensch?
Mit dem Leib ist er Erde, aus Erdenstoffen beziehungsweise aus Wärme, Luft, Wasser und Erde aufgebaut. Mit dem Geist ist er Himmel, Kosmos, er entstammt einer göttlich-geistigen Welt, die sich in unserem Tierkreis ein Abbild geschaffen hat, auch wenn er dies meistens vergessen hat. Mit der Seele wird er aber erst ein ganzer Mensch, da er darin eine Entwicklungs-Möglichkeit hat, analog zu den Kräften der Planeten, den sogenannten Wandelsternen. Den Kern der Seele bildet die Sonne, entsprechend dem Ich im Menschen, durch das er erst die Freiheit in sich finden kann.
Da wo der Mensch bei der Geburt im Erdensein erscheint, also beim ersten Atemzug, prägt sich der kosmische Augenblick in ihn hinein, so wie dies dann in einem Radix-Horoskop abgelesen werden kann. Der Ort auf der Erde, der den Menschen leiblich prägt, wird angezeigt im Aszendenten; die Seelenkräfte, die wir auf die Erde mitbringen, sie werden angezeigt in den Planetenstellungen und die Himmelskräfte, die den Menschen zum Beispiel als Tugenden impulsieren wollen, sind dargestellt in den Zeichen des Tierkreises. Schließlich verweisen die astrologischen Häuser noch auf die Bereiche, in denen wir schicksalsmäßig auf der Erde wirken sollen.
Dies zusammen bildet und bestimmt die leiblich-seelische und geistige Disposition im Menschen. Doch damit sind wir keinesfalls festgelegt. Schon Paracelsus sagte: die Sterne machen geneigt, aber sie bestimmen nicht. Denn durch das Ich hat der Mensch die Möglichkeit, mit seinen inneren seelischen und geistigen Kräften spielen zu lernen und damit auch auf die leiblichen Gegebenheiten fördernd einzuwirken.
Freiheit entsteht, wenn der Mensch seine Anlagen annimmt, erkennt und damit spielen lernt. So müssen viele Aufgaben und Probleme im

Leben selbst immer wieder korrigiert werden und zwar, in dem wir unsere seelisch-geistigen Einstellungen ändern, neu ausrichten, wenn diese in einer veränderten Welt für die Zukunft nicht mehr wirklich gesund und nützlich sind. Dabei soll man gerade in Krankheiten und Krisenzeiten die tieferen Hintergründe erkennen und wandeln lernen.

Oftmals wird das Schicksal aber als eine Bürde betrachtet und dann auch so erlebt. Man flieht daher allzu leicht vor den Aufgaben und Schwierigkeiten in die Ablenkungen des „freien" Lebens hinein. Doch dem Schicksal, der irdischen, karmischen und kosmischen Aufgabe kann man nicht wirklich entfliehen. Irgendwann packt sie uns und fordert ihren Tribut, das ist nur eine Frage der Zeit. Das Leben auf der Erde zwingt eben zu fortwährendem Lernen. Wer sich davor drücken will, aus Bequemlichkeit oder Eitelkeit, landet irgendwann an einem Punkt, durch Krankheit, Unglück oder Krise, wo sich der Einzelne auf sein inneres Selbst besinnen wird, wenn er nicht zugrunde gehen will oder wenn er nicht in einem nächsten Leben die Folgen für seine Untaten um so mehr erfahren und spüren will.

Manchmal müssen das Leid und die Gebrechen leider erst sehr groß werden, bis neue Einstellungen, neue Sichtweisen und Erkenntnisse und damit neue Möglichkeiten aufgesucht werden, die zu einem bewussteren und edleren Seelensein hingereichen können.

Egal auf welchem Gebiet, in der Arbeit, im Beruf, in der Familie, mit Freunden und Partnern, auf Reisen, in der Bildung, in der Selbstverwirklichung, wie auch im Umgang mit Geld und Besitz, überall sind wir Lernende und damit noch lange nicht an ein Ende angekommen.

Dies macht sich in heutiger Zeit vor allem auch in der Berufswahl bemerkbar. Diese kann aus persönlichen, oftmals egoistischen Wünschen, nach dem, was Spaß macht oder nur um viel Geld zu verdienen, getroffen werden oder aber aus Einsicht, dass man der Welt einen Dienst zu erweisen hat.

Wo und wie kann ich meine Talente und Fähigkeiten am Besten einbringen, damit das Ganze, das Wohl des Ganzen einen Nutzen hat? Wo werde ich gebraucht, wo ruft mich die Welt, damit ich ihr dienen kann?

Heutzutage breitet sich jedoch der Egoismus immer stärker aus. Mehr Glück, mehr Wohlstand, mehr Konsum, mehr Freizeit, mehr Abenteuer und sinnliche Genüsse werden gerne angestrebt - Verzicht, Enthaltsamkeit, Selbst-Disziplin und harte Arbeit werden dagegen meistens gemieden.

Wo braucht mich die Welt? Wo werde ich gebraucht?

Ein Altruismus schafft der einseitigen Egozentrik einen gewissen Ausgleich. Sich verschenken, sich opfern für eine gute Sache, dem Guten dienen …, das heißt aber nicht, dass man eigene Wünsche oder sich selbst vollkommen aufgeben sollte. Sonst landet man bekanntlich ja in der Selbstausbeutung, im Helfersyndrom und ähnlichem.

Wichtig ist es daher, dass wir aus Liebe handeln, aus Liebe zu den Menschen und zur Welt, wenn also die Liebe führt. In und mit Liebe zu arbeiten ist keine Plage mehr, denn der Dienst ist freiwillig und dann auch schön.

Im Dienen das Glück – freiwillig in Liebe, in Achtsamkeit und in Ehrfurcht vor dem Lebendigen, vor dem Mitmenschen und der ganzen Erde, das macht Sinn. Wir haben unsere Hände, wie überhaupt unseren Körper zum Wirken und Tun in der Welt. Ein moralisches Handeln, aus dem Herzen heraus, bringt wahrhaft voran.

Der Entwicklungsweg des Menschen auf der Erde hat ein Ziel, das wir aber niemals in nur einem Leben verwirklichen können. Wann ist der Mensch demzufolge ganz, wann ist er vollkommen und vollendet?

Die Erde begleitet den Menschen seit sehr langer Zeit, sie schenkt ihm Heimat, Nahrung und alle Möglichkeiten, die er für sein Wachsen und Gedeihen braucht. Durch dieses Erdenschicksal ist die Menschheit mit ihr verbunden. Wir haben dabei aber viel karmische Schuld, ihr und den Geschöpfen der Erde gegenüber, aufgeladen. Allein das massenhafte Schlachten und Verbrauchen der Tiere und die Ausbeutung der Ressourcen, das Verschmutzen der Elemente und und und ... hat die Erde sehr geschädigt. Daher muss sich der Mensch zukünftig zu einem Heiler an der „kranken" Erde wandeln können. Dies fordert die geistige Welt, das kosmisch-karmische Gesetz von uns. Dahin muss die Entwicklung des Menschen gehen können.

Einmal wird dann die Zeit kommen, wo der Mensch in individueller Freiheit sich wieder ganz mit dem Erdwesen verbinden wird. Das heißt letztlich auch, dass er sich dann mit den kosmisch-geistigen Wesen zu vereinen gelernt hat.

Die Erde trägt den Menschen seit sehr langer Zeit. Dereinst wird der Mensch im Verein mit dem Himmel die Erde mittragen, weitertragen und somit mitschaffen können an einer neuen Erde, wenn er sie erkennt als ein lebendiges Wesen, so wie dies der Dichter Novalis in seiner Hymne in poetischer Weise ausgedrückt hat, aus der ich einen kurzen Ausschnitt zitiere:

„Wer hat des irdischen Leibes hohen Sinn erraten -
wer kann sagen, dass er das Blut versteht?
Einst ist alles Leib – ein Leib,
in himmlichem Blute schwimmt das selige Paar.
Oh, dass das Weltmeer schon errötete
und in duftiges Fleisch aufquölle der Fels.
Nie endet das süße Mahl,
nicht innig, nicht eigen genug kann sie haben den Geliebten ..."

Diese Verse deuten hin auf eine verwandelte, auf eine lebendige Erde, die sich aus dem harten Stein gebiert. Also auf eine Erde, die nicht mehr physisch hart, sondern ätherisch-lebendig in lichten Farben und feinen Empfindungen erscheint. Es ist damit die neue Erde, die auferstandene Erde des Neuen Jerusalem gemeint, so wie diese biblisch angekündigt ist.
„Wir sind auf einer Mission, zur Bildung der Erde sind wir berufen."
Wieder Novalis, der hiermit der Menschheit ein neues Ziel verleiht. Frühere Kulturen sahen die Erde noch als Maya, als eine Illusion an, da die damaligen Menschen seelisch-geistig noch viel stärker mit dem Kosmos verbunden waren. Heute ist die Menschheit schon sehr tief in das Irdische, auch in untersinnliche Bereiche eingedrungen. Dadurch werden Kräfte frei, die dem Menschen einiges an Tugend und Moral abfordern, wenn er diese gewaltigen Energien, wie zum Beispiel die Atom-Energie, nicht gegen sich selbst gerichtet sehen will.
Durch die Arbeit des Menschen an der Erde wird diese sich wandeln können, zum Guten wie zum Schlechten hin, das können wir mitbestimmen. Frühere Kulturlandschaften wurden noch im Einklang mit einer Volks- und Naturgeistigkeit aufgebaut, aus deren Weisheit eine harmonische Ordnung von Mensch und Natur entsprang. Diese harmonische Ordnung muss heute aus individueller Erkenntnis, in Freiheit und Eigenständigkeit wieder errungen werden. Dabei wäre zukünftig eine Einheit von Land- und Gartenbau, von Wald und Tierhaltung und einer Kultur anzustreben, die heilend und ausgleichend für die geschändeten Wesen der Natur wirken kann. Dies zunächst als ein Gegengewicht zu den Einseitigkeiten aus industrieller und lebensfeindlicher Landwirtschaft, der Massentierhaltung und der Ausbeutung der Böden.
Neue Verbindungen und Zuwendungen mit und zu Steinen, Pflanzen und Tieren, wie auch zu den elementarischen Naturwesen müssen wieder gefunden werden.

Was indigene Völker noch „naturhaft" in sich tragen, musste die „moderne" Welt um der menschlichen Freiheit willen verlieren. Heute stehen wir an dem Punkt: entweder noch mehr Entfremdung oder eine freie Zuwendung zu den Kräften und Wesen der Erde.
Überall bietet die Erde uns vielfältige Möglichkeiten, sich mit ihr tiefer und bewusster zu verbinden und sei es nur auf dem Balkon, mit den Haustieren und Zimmerpflanzen. Und zwar, in dem wir zunächst eine Dankbarkeit ihnen gegenüber aufbringen und sie mit unserer Liebe „füttern". Desweiteren durch Gebete für Mutter Erde, durch Meditationen und Rituale, wie auch durch biologische Präparate und Heilmittel, die der Erde gesundende, kosmische Kräfte zufließen lassen. Eine biologische Landwirtschaft, eine artgerechte Tierhaltung, ein geschwisterlicher Umgang beziehungsweise eine Pflege der Natur- und Kulturlandschaften, ein gewissenhafter Umgang mit den Ressourcen und vor allem die Frage: was will ich der Erde für ihre vielfältigen Gaben zurückgeben?
Der Aufgaben und Möglichkeiten gibt es viele. Aber vor allem kann der Mensch Kultur, Kunst und Natur in einen Zusammenhang bringen, diese miteinander verbinden, denn davon haben alle etwas.
Die heilende Kraft der Kunst bringt Geist in die Natur hinein, wenn die Kunst den Weg der Schönheit und der Liebe beschreiten will. Schließlich erscheint der Auferstandene in den Evangelien der Maria Magdalena als ein Gärtner. Er kümmert sich also um die Wesen und Reiche der Erde. Er lässt die Erde nicht im Stich.
So dürfen auch wir uns zu einem „Gärtner" weiterbilden, in dem wir den Garten der Erde pflegen, lieben und gedeihen lassen, so wie es der Natur entspricht und so wie es im Kosmos als höhere Ordnung und Weisheit vorgezeichnet ist. Damit bauen wir an einer gesunden Erde und damit auch an einer Gesundung und Heilung von uns selbst.

Kultur der Freude

Die Freude liegt allem göttlichen Schaffen zugrunde. Aus ihr gebiert sich die Liebe, die alles Sein durchflutet, trägt und erhält. Die Liebe ist folglich ein Kind der Freude. Sie ist der Ausfluss schöpferischer Freude.

Die Freude ist also die erste Offenbarung göttlicher Ausstrahlung. Gott freut sich an allem, was er erschafft. Sein Wille zur Schöpfung offenbart sich in der Freude.

Was man in und mit Freude tut, das kann man auch lieben. Erst dann kommt die göttliche Weisheit hinzu, die dem göttlichen Lieben und Schaffen eine harmonische Richtung verleiht. So ist die Freude beziehungsweise die Glückseligkeit letztendlich auch ein Urgrund der Welt und so wird die Welt folglich auch erst wieder in und durch die menschliche Freude mit ihrem Urgrund in Verbindung treten können.

Die „Ode an die Freude" von Friedrich Schiller weist in großartiger Weise hin auf die Bedeutung der Freude, die auch zerrüttete Verbindungen und Beziehungen wieder aussöhnen und heilen kann; dann nämlich, wenn die Freude wieder einziehen kann in das Seelenleben der Menschen.

Bei einfachen und naturnahen Völkern kann ja beobachtet werden, wie die Menschen und da vor allem die Kinder, auch wenn sie materiell betrachtet arm sind, viel Freude in ihrem Alltag zeigen, als ob sie unbewusst noch viel näher mit der himmlischen Freude verbunden sind. Jedoch, bei den Reichen und Mächtigen dieser Erde scheint es dagegen, dass sie immer noch mehr Haben wollen und auch brauchen, damit sie sich überhaupt noch freuen können. Eine Freude des Herzens, ein Überquellen des Herzens, das sich an Allem und mit Allem um der Freude willen erfreuen kann, ist ihnen meistens nicht mehr vergönnt. Denn eine innere Freude entströmt dem reinen und kindlichen Herzen, wenn dieses den Tanz des Lebens verstehen lernt.

Dieser Tanz des Lebens setzt sich aus vier Kräftekonfigurationen zusammen, das heißt, wir müssen lernen, mit diesen vier Qualitäten zu spielen. Sie sind abgebildet im sogenannten Viergetier, in der Sphinx beziehungsweise in den Tierkreiszeichen Wassermann, Löwe, Skorpion und Stier. Diese Zeichen stellen das fixe Kreuz im Kosmos dar, das heißt, auf ihrem Sein gründen die vier kosmischen Richtungen, die auch das irdische Leben durchkraften.

Wassermann	- Wissen	- Mensch (Engel)	- Norden
	--- Freude		
Löwe	- Wollen	- Brust	- Süden
	--- Liebe		
Skorpion (Adler)	- Wagen	- Unterleib	- Westen
	--- Mut		
Stier	- Schweigen	- Stoffwechsel	- Osten
	--- Verinnerlichung		

Mit diesen Kräften dürfen wir spielerisch „tanzen" lernen. Dabei kommt es darauf an, dass wir nicht bei einem Attribut stehen bleiben, denn diese Vierheit ist in eine Dreiheit aus Entstehen, Werden und Vergehen eingebunden, die das ganze All durchzieht. Das heißt mit anderen Worten, haben wir zum Beispiel ein Wissen errungen, so darf man daran nicht festhalten, es zum Beispiel zu einem Dogma erheben, denn aus dem Wissen soll ein Wollen entstehen, aus dem Wollen ein Wagen, ein Tun und dieses darf wiederum in eine Reflexion, in eine Rückschau und Verinnerlichung und letztlich in ein Schweigen einmünden.

So ersteht aus der Freude auch die Liebe, aus der Liebe der Mut, aus dem Mut die Tat und aus der Tat ein Nachklang und dann wieder ein Schweigen, aus dem erst wieder ein neuer Impuls, ein neues Wissen entspringen kann. Und so immer fort.

Nun hört sich dies Gesagte theoretisch vielleicht recht stimmig an, im Lebensalltag können wir meistens nicht mehr mit der Freude beginnen, da wir uns vom Quell der Freude oftmals schon weit entfernt haben. Auch die Liebe und der Mut sind nicht immer greifbar. So dürfen wir uns zunächst an das Schweigen wenden, an den stillen Quell, der in unserer Seele ruht. Dieses Schweigen, diese Stille dürfen wir in uns erstehen lassen und beobachten, wahrnehmen und lauschen, was da werden will.

Geduld, Ausdauer und Achtsamkeit sind hier vonnöten, bis neue Impulse, Ideen, Ideale, Geistesblitze, Ahnungen, Stimmungen oder auch ein tiefes Wissen, ein intuitives Erkennen und ähnliches auftauchen können. Nur darf man sich auch daran nicht so stark binden, sonst geraten wir allzuleicht in die Knechtschaft von Ideen und inneren Eindrücken. Je klarer eine Idee erscheint, die uns begeistern und erfreuen kann, um so schneller kann und darf sie wieder losgelassen werden. Denn die Freude besitzen zu wollen, wie eben auch eine Idee, verhindert, dass sie in die Welt gelangen kann. So dürfen wir die Freude, die Ideen und

alles, was uns aus dem Inneren, aus der inneren Stille beziehungsweise aus dem Göttlich-Geistigen zukommt, verschenken und dies in Liebe. Die Ideen beziehungsweise auch die Freude, sie sollen ja in die Welt kommen können. Daher dürfen wir sie in Liebe weggeben, in die Welt entlassen, damit sie da ihre Wege suchen und finden können.
Und dann: wo kommt mir aus der Welt davon etwas wieder entgegen? Ich gehe in die Welt hinein, das ist mein Wille, ich wage die Welt und schau, wo die Ideen, wo die Freude und die Liebe schon einen ersten Ort gefunden haben. Wenn mir die innere Idee zum Ideal geworden ist und mir auch in irgendeiner Weise von der Welt gespiegelt wird, dann ist die Zeit reif für diese Idee, dann will sie auch verwirklicht werden. Passiert dies nicht, ist wieder mal ein Schweigen angesagt, eine erneute Verinnerlichung, wo geschaut wird, was als Nächstes entstehen mag.
Eine Idee, die zu einem Ideal werden kann, für das man sich begeistern kann, dies macht Freude. Allmählich kommt so die Freude und damit auch die Liebe in die Welt.
Eine einfache und naturgegebene Freude ist den „Ich-Menschen" im intellektuellem Zeitalter nicht mehr so leicht gegeben. Eine neue Freude kann in individueller Freiheit erst wieder erstehen, wenn wir uns bewusst wieder ihr zuwenden lernen. Und dies ist nicht mehr nur abhängig von äußeren Dingen und Begebenheiten. Sie gebiert sich aus dem Schweigen und dem Wissen, dass sie inwendig in uns ist.
Im Quell, der die Welt hervorgebracht hat, sprudelt fortwährend kosmische Freude aus. Diesen Quell dürfen wir suchen. In ihm ruht noch die Welt. Diese schöpferische Ur-Freude ist der erste Impuls für die gesamte Welt, daher können wir sie auch in vielen Äußerungen des Weltlichen wiederfinden. Aber sie ist nicht von dieser Welt, denn sie entspringt in den fernen „Gärten des Himmels". Dahin dürfen wir uns wenden, in Liebe, mit Mut und in innerer Versenkung, damit Welt und Himmel immer näher zusammen kommen können.
Dies ist der Tanz des Lebens: die Freude am Leben, die Freude an der Welt und die Freude am Himmel, der uns immer nur beglücken will. Ja, selbst über die Widrigkeiten und Hindernisse des Lebens dürfen wir uns freuen, da diese uns im Endeffekt wieder näher an den Himmel heranführen wollen. Denn oftmals haben wir verlernt, nach dem Entstehen und Werden, das Vergehen zu akzeptieren. Wenn wir an etwas festhalten wollen, dessen Zeit vorüber ist, wird dies zu Unstimmigkeiten führen müssen. So muss heute, wenn man eine Kultur der Freude

erschaffen will, vor allem auch das Loslassen, das Weggeben, das Verschenken, Verzeihen und Vergeben geübt werden, damit Raum geschaffen werden kann für Neues, so wie dies Hermann Hesse in seinem Gedicht: Stufen, bekanntlich sehr poetisch und eindrücklich beschrieben hat. Daraus nur ein kurzer Ausschnitt:

„Es muss das Herz bei jedem Lebensrufe
bereit zum Abschied sein und Neubeginnen …
Wohlan den, Herz, nimm Abschied und gesunde."

Dies Gesagte gilt aber nicht nur für weltliche Dinge, auch geistige Weisheiten und Erkenntnisse dürfen wir nicht besitzen und festhalten wollen. Der Geist weht bekanntlich wo er will und wer ihn festhalten will, hat ihn schon verloren. Nur Befruchten lassen dürfen wir uns von ihm und dann dürfen wir danken und verschenken – in die Welt, wo er sich Orte sucht, an denen er wirken und gedeihen kann. Von diesem Geist dürfen wir uns folglich führen lassen. Er führt uns an die Orte, an denen er uns in verwandelter Form in der Welt entgegenkommen will. Wenn die Idee, wenn das Ideal, wenn der Same nicht sterben kann, wird er auch nicht auferstehen können.
Jedem Winter folgt ein Frühling, jedem Tod ein neues Leben. Darauf dürfen wir uns einlassen. Die Natur macht es im Jahreslauf vor. Und so beginnt im Frühling ein neues Wachsen und Werden. Dieses schenkt uns Sicherheit, Freude und einen festen Halt. Folglich ist auch dies sehr wichtig. Nur immer alles loszulassen, wäre ja auch wieder eine Einseitigkeit. Entstehen, Werden, Vergehen. Das Werden, auch im sommerlichen Aufblühen und Fruchten, bietet uns zahlreiche Wachstumsmöglichkeiten, wir halten ein „Fest". Die sommerliche Festeszeit, das üppige Leben, es bleibt aber nicht bestehen. Der Tod ist ein Kunstgriff der Natur, damit neues Leben erstehen kann, so drückte dies Goethe einmal sinngemäß aus. Die Natur wandelt und erneuert sich dadurch immer selbst. Und wir meinen oftmals, wir könnten den Sommer festhalten, weil wir uns vor dem Herbst und Winter scheuen. Damit haben wir aber das Tanzen verlernt.
Ein Tanz geht mit im Rhythmus der Musik. Somit sind wir erst rechte Tänzer des Lebens, wenn wir auch den Rhythmen und Mustern des kosmischen und natürlichen Lebens entsprechen. Und dies auf allen Gebieten des Lebens. Alles in der Welt hat einen Anfang, einen Höhepunkt und dann ein Vergehen und Sterben.

Trotzdem kann sich uns in allem eine Freude zeigen, wenn wir bereit werden, diese in allem auch zu suchen. So kann selbst der Tod eine Freude offenbaren, dessen Strahlen aus dem Jenseits den Erden-Abschied verklären verhelfen. Alles ist also eine Frage der Einstellung, des Wissens, des Wollens, des Wagens und schließlich des Schweigens. Wenn nämlich alle persönlichen Motive und Wünsche zum Schweigen kommen, damit dahinter eine Welt erstehen kann, die ein neues Land betritt und in der die Freude für einen Neu-Anfang, für neue Ideen und Visionen, für die eine neuentfachte Liebe sich begeistern kann, um mit neuem Mut neue Taten und Werke hervorbringen zu können, so tanzen wir den Tanz des Lebens mit.
„Oh Mensch, lerne zu tanzen, sonst wissen die Götter nichts mit dir anzufangen".
So will uns die Welt nicht klammern und halten, sondern ermundern, immer wieder neue Bereiche des Seins zu erkunden. Selbst im Sterben ist es nicht zu spät, freudig diesen neuen Räumen entgegen zu gehen.
Aber nicht immer ist es leicht, diese Freude auch überall zu sehen. Wer unterdrückt wird, kann sich nur schwerlich freuen. Deshalb will und soll der Mensch aus der Vormundschaft und Knechtschaft ausbrechen, sei es geschichtlich betrachtet durch Adel, Feudalherren, Politik, Religion oder Wirtschaft hervorgerufen oder durch persönliche Anpassung und Duckmauserei aus Feigheit, Vorteilsnahme und Bequemlichkeit. Das freie, sich selbst bestimmende Indivdiuum, das die geistigen Gesetze erkannt und angenommen hat und das den kosmischen Willen zu leben beginnt, kann erst wirklich bewusst in Kontakt kommen mit der Sphäre der Freude.
Der göttliche Wille beziehungsweise die Gesetze des Geistes und des Lebens, sie knechten nicht, denn Gottes Wille macht frei, weil er eins mit der Wahrheit ist. Und die Wahrheit wird uns frei machen! Das komische Gesetz ist schließlich so gestaltet, dass es allem Leben irgendwann einmal zur Freude gereichen kann. Wenn also die Gesetze des Geistes, die der Liebe, des Wohlwollens, der Güte, der Selbstlosigkeit, der Weisheit, der Harmonie, der Dynamik und Bewegung, der Sanftmut, der Ordnung, der Dankbarkeit und Ehrfurcht, des Lobes und der Preisung geachtet und gelebt werden.
Im Himmel herrscht Freude. Die geistig-kosmischen Gesetze, die dem Himmel entstammen, sind so ausgerichtet, dass sie zur Freude hinführen. In der Freude findet sich alle Schöpfung wieder. Ein großer Jubelklang durchtönt das weite All. In den Sphärenharmonien zeigen

sich beziehungsweise ertönen zum Beispiel die wundervollsten Schwingungen, Klänge und Harmonien, die von hohen Geistern und Wesen ausgehen. Ihr schöpferisches Tätigsein, ihre schaffende Kraft wird von Liebe, Weisheit, Güte und Freude getragen. Aus Freude heraus schaffen und Freude empfinden über das gelungene Werk – das ist des Himmels reiche Frucht.

Und dann darf alles wieder ruhen. Der „siebte Schöpfungstag" ist der Tag der Ruhe, der Besinnung und Einkehr. Das sollten wir nicht vergessen.

Haben wir diesen Tanz der Freude gelernt, wird sich daraus eine neue Einstellung dem Leben gegenüber und damit allmählich eine neue Kultur herausbilden können, eine Kultur, die auf Freude und Liebe, auf Furchtlosigkeit und auf eine rechte Verinnerlichung, Versenkung und Andacht baut.

„Freude schöner Götterfunken – Tochter aus Elysium" – so beginnt Schillers Ode an die Freude. Aus dem Himmel, aus dem Elysium also kommt die Freude. Eine weibliche Gottheitskraft, die Tochter, offenbart sich hier.

Schafft es die Menschenseele, sich zu dieser geistigen Wesenheit zu erheben, die sich im höheren Ich, im Geistselbst des Menschen kundtun will, so wird die Freude groß sein. Darf der Mensch das Geisterreich betreten, strömt Freude ihm entgegen. Sie will sein Herz erfüllen, auf dass sie von da in die Welt ausstrahlen kann.

Die Welt soll sich einmal in der Freude wiederfinden. Eine Kultur der Freude wird erstehen, wenn der Mensch in sich das Land der Freude gefunden und betreten hat. Darum dürfen wir uns aufmachen, diese Freude zu suchen. Sie quillt aus einem Überfluss des Herzens, wenn die Liebe in den Himmel strömt. Daraus winkt und strahlt die Freude.

Doch zuvor sind viele Prüfungen zu durchstehen. Das innere geistige Feuer brennt erst allmählich unsere seelischen Verhärtungen und Abgründe aus.

„Wir betreten feuertrunken, Himmlische dein Heiligtum ..."

Das Feuer der Liebe, das in unserem Herzen erwacht und zum Himmlischen hin ausgerichtet ist, findet die Tür ins Heiligtum. In und mit diesem inneren Feuer können wir das Heiligtum betreten. Doch nicht als Einzelner, denn in diesem Heiligtum sind alle Menschen, sind alle Völker in einem großen „Wir", im hohen Ich der Menschheit miteinander verbunden.

Die Freude des Himmels überbrückt alle Unterschiede des Persönlichen, des Kleinen und Unvollkommenen. Denn die himmlische Freude ist vollkommen, sie macht vollkommen, wenn wir sie erleben und sie in uns einlassen können. In dieser Freude sind wir mit allem verbunden.

„Alle Menschen werden Brüder, wo dein sanfter Flügel weilt ..."
Da ist nichts mehr hinzu zu fügen. Nach vielen Entbehrungen, Opfern und Prüfungen, nach Schmerzen und Qualen, irgendwann ist das Ziel erreicht: die himmlische Freude, die Tochter des Himmels, die uns beglücken und erbauen will, damit dereinst auch die Welt mehr und mehr in Freude erstrahlen darf.

Die Gefahr, wenn wir die göttliche Freude wie auch das Glück suchen, ist aber, dass wir eben bei der Freude, beim Glück hängenbleiben. Dann werden sie luziferisch. Selbst in solch hohen Regionen warten eben noch die Gefahren der Verführung. Nicht die Freude Gottes, das Glück des Himmels sollen wir letztlich suchen, sondern das Göttliche, Gott selbst.

Die Freude dürfen wir dankbar als Geschenk Gottes empfangen und dann aber weiterschenken. Sie ist nicht das Ziel, so wie dies in manchen östlichen Geistesströmungen erstrebt wird; sie kann höchstens ein Weg beziehungsweise ein Wegweiser in die göttliche Welt hinein sein.

So wäre es, in einem christlichen Sinne, auch nicht anzustreben und anzuraten, wenn nur noch „Glückspilze" auf der Erde leben könnten. Denn die „Pechvögel" gehören in einer Welt des Dualismus meistens auch noch hinzu. Und so verweist Christus in diesem Zusammenhang in seiner Bergpredigt eben nicht auf ein Glück oder Glücklichsein im Irdischen, sondern auf die Seligpreisungen, die hier eine Klarstellung und Weisagung beinhalten.

Diese Seligpreisungen (Matthäus Kap. 5) bilden und erfordern nämlich einen Weg, der das Leiden, das Unglücklichsein mit einschließt und an dessen Ende erst die Seligen erscheinen, wenn sie das Leid und den Schmerz angenommen und ertragen haben, so wie dies Christus selbst vorgelebt hat.

Die neun Seligpreisungen deuten schließlich auf einen Weg, der den ganzen Menschen mit seinen Hüllen und Wesensgliedern verwandeln und veredeln hilft.

Allein schon die Bettler um beziehungsweise die Armen im Geist, die sich leer machen, die eine innere Leere herstellen, damit der göttliche Geist in ihnen wirken kann, verweisen auf eine meditative Schulung, durch die man in sich selbst die Reiche der Himmel finden kann. Und so weiter mit den anderen Seligpreisungen und damit den vielen Entbehrungen, Verfolgungen, Ausgrenzungen, die Christus-Sucher und -Nachfolger zu erdulden haben und die trotz allem Leid nicht müde werden, den Frieden, die Liebe, die Barmherzigkeit und die Seligkeit Gottes zu suchen. Sie werden letztlich getröstet und erlöst werden können.

Diesen Christus-Weg für sich gefunden zu haben, ist eine große Bereicherung im irdischen Leben. Auch wenn dieser Weg manchmal recht steinig und schwer erscheint, erfüllt er doch und man weiß sich auf dem rechten Weg geborgen und geführt. Eine innere Sicherheit und Freude erwächst daraus.

Die „Welt" als Arkanum des Tarot verbindet schließlich die Sephirot Kether mit der Sephirot Chokmah, also die Liebe mit der Weisheit. Die Liebe, das Arkanum Kether ist folglich die erste Ausstrahlung der heiligen Trinität in die Welt hinein. Die Freude, also auch das Arkanum: die Welt führt dorthin.

Freuen wir uns an der göttlichen Liebe, so ist dies das Tor in die Reiche der Himmel hinein.

Die Liebe ist Gottes Sohn, die Freude ist Gottes Tochter. Die Weisheit, die Sophia ist die Gemahlin der Liebe, sie sind in Freude miteinander verbunden.

So zeigt sich dies als ein Urbild in der geistigen Welt, welches in den übergeistigen, in den himmlischen Sphären als göttliche Trinität ihren Ursprung hat. Darüber zu spekulieren oder diese himmlischen Bereiche in Worte fassen zu wollen, also über das, was da geschieht, zu schreiben oder zu analysieren und zu forschen, ist nicht mehr anzuraten, weil diese Sphären unser intellektuelles und begriffliches Vermögen bei weitem übersteigen. Nur noch schweigen dürfen wir hier, alles muss schweigen, zur Ruhe kommen können, auch die Freude, auch das innere Glücksgefühl. Nur noch eine Ehrfurcht, eine Hingabe, eine Stille und Ergebenheit darf übrigbleiben.

Auf Messers Schneide

Was sich in unseren Tagen im Weltpolitischen abspielt, kann bei tieferer Betrachtung in irgendeiner Weise auch innerhalb des Seelenlebens einzelner Menschen zutage treten beziehungsweise auch da gesehen werden. Doch da sind diese Begebenheiten und Eindrücke von den betroffenen Menschen meistens noch nicht an sich selber wahrgenommen und reflektiert und deshalb noch im Unbewussten wirkend.

Die Menschheit steht an einer Schwelle, teilweise ist sie auch schon hinübergegangen, vor allem in den großen Katastrophen der Weltkriege im 20. Jahrhundert. Das abgründig Böse hatte seine Schleusen geöffnet und überrollte damals weite Teile der Welt. Das Böse wurde offenbar.

Das Gute zeigte sich jedoch schon vorher, vor allem zum Beginn des 20. Jahrhunderts und zwar in zarten Keimen einiger lichtvoller Zeit-Impulse, wie in der Geisteswissenschaft, der Anthroposophie, in einer neuen Jugendkultur, zum Beispiel in der Wandervogelbewegung und in einem neuen künstlerischen Schaffen (Jugendstil, Impressionismus, Expressionismus), das immer stärker auf den freien, sich selbst bestimmenden Menschen setzt. Doch die böse Macht konnte damals noch sehr stark auftrumpfen, so dass von den zarten Keimen einer neuen Kultur im Laufe der Zeit nicht mehr viel übrig blieb, auch weil zu wenig Menschen genügend Offenheit für diese Impulse zeigten.

Nach dem großen Zusammenbruch in Europa gab es in einer neuen Jugendkultur Ansätze für Frieden, Ökologie und Emanzipation. Noch einmal durfte sich der Geist des Guten in der Gesellschaft artikulieren und den alten Mächten des Patriarchalen und Biederen verjüngende Impulse entlocken. Um die Jahrtausend-Wende machte sich aber wieder verstärkt ein finsterer Geist breit, der die Welt an Geld, Gier und Besitz klammern will. Und dieser Geist ist weiter am Zunehmen, obwohl vielen Zeitgenossen inzwischen klar ist, dass wir Menschen selbst und die gesamte Erde daran zugrunde gehen, wenn dieser Geist nicht überwunden werden kann.

Neue Impulse einer Geld- und Boden-Ordnung, einer humanen Tierhaltung und nachhaltigen, solidarischen Landwirtschaft wirken hier wie zarte Keime, die noch etwas Hoffnung machen. Denn die Gier nach noch mehr, von Staaten, Wirtschaftskonzernen, Aktionären und Geldgeschäftemachern, ist ungebrochen und denen ist nur schwer beizukommen. Doch Widerstand ist da!

Warum sind diese Mächte aber so stark und was hat dies mit jedem Einzelnen zu tun?
Die Konfrontation mit dem Bösen an der Schwelle zur geistigen Welt ist unausweichbar, denn am Bösen können beziehungsweise müssen wir uns schließlich für das Gute entscheiden, wenn wir daran nicht zugrunde gehen wollen.
Ein Grundproblem, das sich letztendlich im sozialen Leben zeigt, ist in unserem Denken angelegt. Der sogenannte Darwinismus erklärt die Welt beziehungsweise die Evolution durch eine natürliche Auslese. Der Stärkere, der Klügere, der Anpassungsfähigere und der Bessere setzt sich eben durch. Viele Machtmenschen bauen auf diese Einstellung. Sie fühlen sich als „Auserwählte", als Herrscher und Herrenmenschen, als Eliten, die den Anderen, den Untergebenen, dem gewöhnlichen Volk zu sagen haben, wo es lang gehen soll oder diese gar als Sklaven, Leibeigene, Lohnabhängige, als zweite Wahl oder gar als „Ausschuss" betrachten.
Inzwischen weiß man aber, dass die Symbiose, also das Zusammenwirken in der Natur mindestens genauso wichtig ist wie der Darwinismus, denn das Ganze gedeiht am Besten, wenn alle Teile ihren entsprechenden Platz finden können. So wird es existenziell wichtig sein, welchem Ansatz wir uns gedanklich zugesellen.
Zum Beispiel bekämpft ein geistiger Darwinismus bei Krankheiten oder bei sozialen Krisen die Symptome. Er will ausrotten, bekämpfen, eliminieren. Eine symbiotische Denkweise versucht die Ursachen zu erkennen und zu ändern. Da geht es darum, dass man die Gesetze erkennt, nach denen ein gesundes Leben möglich ist. Eine Symptom-Bekämpfung möchte ja immer nur so weitermachen wie bisher, nur die Übel und Schmerzen sollen weg. Doch diese haben ihren Sinn. Erst wenn wir diesen erkennen, kann auch eine Änderung eintreten, meist, indem wir unsere Einstellungen und Lebensweisen ändern. Und wie im Kleinen, beim einzelnen Menschen, so wirkt dies auch im Großen, im gesellschaftlichen Leben.
Wenn wir nun die äußere Welt in unseren Tagen vorurteilsfrei beobachten, kann vielfach gesehen werden: es wird der Ruf nach dem „starken Mann", nach dem politischen Führer, der alle Probleme lösen beziehungsweise wegschaffen soll, in größer werdenden Teilen der Bevölkerung immer lauter. Oftmals noch mit viel zu einfachen und populistischen Lösungen wie „Ausländer raus", „Euro weg" und ähnlichen Egoismen. Leider ist dies der falsche Weg, denn der Ruf nach dem star-

ken Mann ist ein Rückschritt, so wie überhaupt die Tendenz zu nationalistischen und zentralistisch geführten Regierungen.

An der Schwelle zur geistigen Welt brechen alte und überholte Ordnungen und Haltungen zusammen, das zeigte schon das letzte Jahrhundert. Eine Wiederholung dieser Zeiten brauchen wir hoffentlich nicht mehr. Da sollte doch schon etwas aus der Geschichte gelernt worden sein. Der Weltgeist will nicht engen, er will weiten - das ist die Maxime, nach der wir uns ausrichten sollten und dies in einem gesunden Maß.

Was an dieser Schwelle passiert, ist ja gerade, dass dieses alte Prinzip des Herrschers, des Monarchen, des Führers und Regenten, aber auch das des Einheitsstaates, nicht mehr wirklich in einem guten Sinne weiterträgt. Das kann in vielen Staaten gesehen werden, in denen Bürger gegen autoritäre Regime rebellieren. Obwohl es zur Zeit eher scheint, dass dieses alte Herrscher-Prinzip noch einmal sehr stark aufzutrumpfen beginnt. Letztlich sind dies aber Zeichen, dass deren Zeit allmählich zu Ende gehen soll.

In ähnlicher Weise geschieht eine Umwälzung auch im einzelnen Menschen selbst. Alte Muster und Einstellungen, auch frühere natürliche Zusammenhänge wie die Einheit von Körper, Seele und Geist lockern sich oder lösen sich zuweilen auf. Viele Menschen verlieren dadurch ihre natürliche Geborgenheit in ihrem inneren Sein. Denn im Seelischen werden vermehrt Kräfte frei, die in alten sozialen Ordnungen, zum Beispiel innerhalb der Familie, des Berufes, des Standes und so weiter, lange Zeit noch einen festen Halt fanden, heute aber nicht mehr richtig weiter tragen. Wenige können als Beispiel mehr sagen, dass sie den erlernten Beruf ein Leben lang behalten werden. Ähnlich sieht es in Ehen und Gemeinschaftsbezügen aus.

Die sozialen Ordnungen und Strukturen geraten verstärkt ins Wanken, alte Sicherheiten verlieren vermehrt ihre Tragekraft. Dadurch werden Seelenkräfte frei, die nicht mehr eingebunden sind in die sozialen und leiblich-seelischen Systeme und somit quasi ein Eigenleben führen können.

Willenskräfte wie zum Beispiel bestimmte Begierden und Triebe steigen dadurch aus den unbewussten leiblich-seelischen Regionen hoch, Emotionen und Gefühlsregungen überschwemmen, abartige Leidenschaften beziehungsweise illusionäre und ideologische Denkkonstrukte verstärken sich, meist ohne eine Herzensregung, die in alten und traditionellen Ordnungen damit noch verbunden waren. Und dies weil eben der feste Rahmen aus Arbeit, Familie, Wohlstand und Sicherheit

zu entfliehen droht. Mit anderen Worten, das Seelische wird immer stärker frei, es wird nicht mehr so fest eingebunden an leibliche und soziologische Ordnungen, das ist das Signum unserer Zeit. Dadurch können vielfältige Krankheitserscheinungen auftreten:
- Das Denken wird zwanghaft, wissbegierig, sensationsgierig, aber ohne innere Lebendigkeit, ohne wirkliche Anteilnahme. Das kann sich steigern bis in Wahngebilde hinein oder sich Abschwächen bis hin zur Demenz.
- Das Fühlen wird vulgär, herzlos oder emotional aufgeputscht, von Wunsch zu Wunsch getrieben.
- Der Wille wird fanatisch, besessen, egozentrisch und verachtend.
Dies sind natürlich extreme Tendenzen. Mildere Formen davon können aber schon recht häufig im sozialen Leben beobachtet werden. Vor allem die Jugend zeigt heute manche solcher ausufernden negativen Seelenerscheinungen.
Wenn das Ich nicht lernt, ordnend und ausgleichend einzuschreiten, können sich eben einzelne Seelenaspekte verselbstständigen. An der Schwelle zur geistigen Welt brauchen wir daher ein starkes Ich, das lernt, die Seelenkräfte zu bändigen und zu beherrschen. Das Ich soll Herr im eigenen Hause, in der Seele sein. Das geht am Besten, wenn sich dieses Ich mit den fortschreitenden Wesen der geistigen Welt verbinden lernt, die in unserer Zeit die Lenkung der irdischen Verhältnisse innehaben, wie der Zeitgeist Michael und andere.
In ähnlicher Weise vollzieht sich dieser Prozess auf der sozialen Ebene innerhalb der Gesellschaft. Da koppelt sich die Wirtschaft aus dem sozialen Zusammenhang ab und schaut nur noch, dass sie sich selbst fördert, auf dass sie wächst und wächst und wächst ..., oftmals ohne Ethik und Moral. Das Kulturleben feiert sich am Liebsten selbst und das Staatsleben versucht immer noch, alle Bereiche des gesellschaftlichen Lebens zu lenken und zu gestalten, obwohl man schon lange sehen kann, dass sich die Regierungen alle damit übernehmen. Denn der Einheitsstaat war „gestern", so auch die Führer, die alles regeln wollen beziehungsweise auch die „alte" Einheit im Menschen selbst, die ihm natürlicherseits mitgegeben war und die heute immer schwerer zu erringen ist.
So sind viele Gemeinschaften und soziale Zusamenhänge in heutiger Zeit in vielerlei Hinsicht reine Zweckgemeinschaften. Oft folgen auch noch viele Menschen einem Herdentrieb und damit einer „Herdenbildung". Selbst die europäische Union, die noch mit hehren Idealen

begann, wird von vielen Mitgliedsländern inzwischen mehr aus egoistischen und nationalistischen Gründen, meist wegen materiellen Wohlstandshoffnungen oder gewissen Sicherheitsbedenken als ein formeller Staatenbund erwählt.

Gemeinschaften, deren Grundlagen aus geistigen Beweggründen und Idealen, also aus einem humanistischen Freiheits- und Liebe-Impuls heraus sich bilden, sind leider eine Seltenheit geworden. Doch Zweckgemeinschaften stehen auf wackligen Füßen. Oftmals zerbrechen sie recht schnell, wenn größere Bewährungsproben erscheinen. Das kann selbst bis in viele Ehe-Schließungen hinein beobachtet werden. Eine Verliebtheit und der Wunsch nach Treue, Stabilität und Glück reichen da meist nicht ganz. Ein Bekenntnis und ein ichhafter Wille, der die Gemeinschaft als ein „Arbeits-Feld" der gegenseitigen Achtung und des gemeinsamen Wachsens hin zu mehr Menschlichkeit, zu Toleranz und Liebe begreift und der die Treue zu diesen Idealen zu leben versucht, hat erst gute Chancen zu einem Gedeihen, zu einer lebendigen Entwicklung und zu einer gesunden Zukunft und dies im Großen wie im Kleinen. So hilft zukünftig nur noch ein Schritt nach vorne beziehungsweise hinein in den lebendigen Geist, aus dem wir neue Erkenntnisse, Impulse, Ideen und Ordnungen schöpfen können.

Die Dreigliederung des sozialen Organismus nach Wirtschaft, Kultur und Recht beruht auf einem kosmisch-geistigen Prinzip, so wie auch da die Dreiheit, die sogenannte Trinität alles Sein bestimmt. Eine solidarische Wirtschaft, ein demokratisches Staatsleben und echte Freiheit in Bildung und Kultur sind folglich die Heilmittel, die an der Schwelle in eine neue Zeit hinein erwartet werden. Ansonsten können die Kräfte des Bösen, des Rückwärtsgewandten die Oberhand gewinnen und das wäre für niemand wirklich gut.

Im Menschenleben kann diese Schwelle bewusst überschritten werden, wenn sich das Ich in Freiheit dem göttlichen Geist, dem heiligen Geist zuwenden lernt. Das Denken kann durchgeistigt, das Fühlen kann durchchristet werden und der Wille soll sich so bereiten, dass er den höheren, den kosmischen Willen in sich aufnehmen kann.

Wie muss sich dabei aber das menschliche Ich entwickeln und erkraften, damit es mit der geistigen Welt in eine Berührung, in eine Kommunikation eintreten kann?

Ein zeitgemäßer Weg in die geistige Welt baut schließlich auf ein freies Ich, das sich für diesen Weg aus eigener Einsicht und in Liebe entschieden hat.

Was macht des Menschen Stärke aus, wie stark ist eigentlich unser Ich, so dass dieses selbstbestimmt und souverän sein eigenes Leben gestalten lernt?
Die körperliche Kraft ist uns recht geläufig, ebenso die vitale Lebenskraft mit der wir ausgestattet sind, der eine mehr, der andere weniger. Diese vitale Kraft erspüren wir im Laufe des Lebens immer mehr, vor allem wenn sie sich im Alter langsam einem Ende zuneigen wird. Aber auch gewisse Seelenkräfte bringen wir mit ins Leben herein; wir können sie vermehren, erweitern oder verkümmern lassen, jedoch, auch neue seelische Fähigkeiten dürfen wir dazu gewinnen, wenn wir diese ichhaft und eigenständig anstreben. Zudem kann auch das Bewusstsein stärker, klarer und reifer werden und sich dabei erweitern, wenn wir daran arbeiten wollen. Wie steht es nun aber mit dem Ich, können wir dieses ebenso vergrößern und stärken? Kann sich das Ich selbst fördern und stärken lernen?
Das niedere Ich, unsere Persönlichkeit bildet sich zumeist an äußeren Begebenheiten, an Status, Besitz, Erfolg, Karriere und so weiter. Es heftet sich an vieles, an Gruppenzusammenhänge und Nationalismen, an Interessengemeinschaften und ist damit ein Teil eines größeren Ganzen. Oftmals ist dieses Ego jedoch so aufgebläht, dass es sich selbst als Mittelpunkt alles Seins begreift und sich von allem Anderen distanzieren will. Ja, die menschliche Entwicklung muss sogar diesen Weg zum Einzelnen, zum Individuum gehen, weil er nur so zu einer Ich-Erkenntnis kommen kann. Je weiter er sich auf diesem Individuationsprozess als Einzelwesen begreifen lernt, um so mehr wird er sich aber von vielem Gruppenhaften, vom Herdenleben distanzieren müssen. Das Tier lebt noch ganz in seiner Art und damit in vorgegebenen Mustern. Bin ich aber nicht nur ein Teil des Ganzen, ein Rädchen im Getriebe, so habe ich selbst einen Entwicklungsweg, eine Biographie, einen Individuationsprozess zu durchlaufen, worin der Einzelne sich immer stärker selbst erkennen kann. Das Ich als Einzelwesen, unabhängig von der Gruppe und der Welt, was ist dieses Ich letztlich überhaupt, wer bin ich dann? Wer bin ich, wenn alles Äußere wegfällt, was bleibt übrig von mir?
Zuerst einmal eine Einsamkeit und oft auch eine Depression. Denn im Grunde ist das menschliche Ich schwach, verletzlich, einsam, bedürftig, letztlich sogar ohnmächtig. Dies bemerken wir, wenn wir zum Beispiel versuchen, Ideale in die Wirklichkeit zu bringen oder wenn wir versuchen, Gewohnheiten und Abhängigkeiten ändern zu wollen. Leicht ist

es, in Streit zu geraten, schwer dagegen, den Frieden zu gewinnen, denn dieser urständet nicht im leiblichen, seelischen oder weltlichen Leben. Also braucht das Ich, brauchen wir eine Hilfe, um mit den Widerwärtigkeiten und Abgründen des eigenen Seelischen fertig zu werden. Denn irgendwann kommt jede Einzelseele einmal an den Punkt, wo es nicht mehr weitergeht, wo die eigenen Möglichkeiten, Bemühungen und Fähigkeiten erschöpft sind, wo dann nur noch eine vollständige Kapitulation angesagt ist. Manchmal können noch andere Menschen weiterhelfen, aber immer öfters ist auch dieser Weg versagt. Dann hilft meist nur noch die Hinwendung an eine höhere Welt. Dieses innere Eingeständnis der Bedürftigkeit nach einer seelisch-geistigen Stütze ist jedoch die Grundbedingung für eine Begegnung mit der Lebenssphäre des Christus.

In Christus findet der Mensch sein höheres Ich und damit auch eine Ahnung von dem höheren Wesen der anderen Menschen. Ein neues „Wir" kann daraus erstehen, das nicht mehr von weltlichen Einstellungen und Begebenheiten abhängig ist.

So gibt es eben auch den Weg, wo das einzelne Ich, wo die Persönlichkeit über sich selbst hinauswachsen kann und wo sie sich auch nicht mehr auslöschen muss, damit sie in ein großes „Wir", in eine All-Einheit, in ein Nirvana einmünden kann. Denn das Ich kann sich auf einem zeitgemäßen Schulungsweg auch weiten, es kann sich vergrößern, um allmählich mit Allem, mit Stein, Kraut, Tier, Mensch und Himmel zusammenfließen und sich verbinden zu können. Das große Ich, das höhere Ich erlebt sich dabei in Allem in einem großen „Wir". In diesem großen Wir, in dieser Allverbundenheit erlebt der Mensch das innere Leben der Welt, ohne sich darin aber selbst verlieren, sich darin aufgeben zu müssen. Dies bewirkt die Christus-Wesenheit, die in der Lebenssphäre der Erde durch seine sogenannte Wiederkunft darin erschienen ist und dabei der Garant und die Stütze für das menschliche Ich ist, damit der Mensch wach, bewusst und selbsttätig diese Sphären betreten kann.

Diese Sphäre des göttlichen Lebens der Christus-Wesenheit ist aber nicht mehr nur über ein religiöses Empfinden und Leben zu erfahren, denn diese Christus-Kraft können wir eben auch als unser inneres Sein, als stärkende und aufbauende Kraft in unserem eigenen Wesen erleben und erkennen. Daher ist dieser Christus-Impuls kulturschaffend, das heißt, er wirkt über das Einzelwesen durch die Freiheit und in der Freiheit des Ich in die Welt hinein.

Das Ego, das niedere Ich hat sich auf einem solchen Individuationsweg folglich irgendwann einmal zu entscheiden. Denn das Individuum steht in einem geistigen Sinne betrachtet in unserer Zeit über der Gesellschaft, über der Gemeinschaft, über gewissen Gruppenzusammenhängen und damit auch über einer religiös-geistlichen All-Verbundenheit. Dies hat sich in der neueren Geschichte, vor allem in der Zeit der Aufklärung, so herausgebildet. Die Gemeinschaft hat dabei vermehrt Sorge zu tragen, dass sich der Einzelne, dass sich die individuelle Persönlichkeit bestmöglich entfalten kann. Die Gefahr dabei ist natürlich, dass er sich im Egoismus auch verlieren kann, dass er in sich selbst verhärtet, krank wird und nur noch für sich und die Seinen kämpfen will. Aber wie gesagt, darin zeigt sich noch keine Ich-Stärke, denn diese zeigt sich erst, wenn das Einzelwesen, wenn das Ich über sich hinauswachsen, wenn es größer, weiter, reifer und selbtloser werden kann. Zwischen Egoismus und Selbstlosigkeit hat sich der Mensch also zu entscheiden.

Echte Uneigennützigkeit und Selbstlosigkeit beruhen jedoch nicht auf einer Ich-Schwäche, im Gegenteil, nur ein starkes Ich kann sich selbst überwinden. Ein schwaches Ich ist viel eher ein Opfer seiner Leidenschaften, Triebe und einiger gesellschaftlicher Vorgaben, die den Einzelnen nur stark erscheinen lassen, wenn auch viele Andere diesen Vorgaben hinterherlaufen.

Der kosmische Christus, das Christus-Wesen ist stark. Christus stärkt das Ich von Innen her, wenn wir uns ihm zuwenden, wenn wir unsere niederen Seelengründe durch und mit seiner Kraft überwinden lernen. Aber es ist auch nicht einfach nur so, dass wir nur sagen bräuchten: Bitte Christus, mach du in mir! Zum hohen Ich und damit auch zum Christuswesen finden wir vor allem dadurch, dass wir unser Schicksal vollkommen bejahen, es annehmen und es allmählich zu etwas Besserem umwandeln wollen. Denn das höhere Ich lebt in unserem Schicksal beziehungsweise es bewirkt unser Schicksal. Von seiner Warte aus ist jedes Schicksal gut, denn es dient letztlich unserer eigenen Entwicklung, wenn wir damit sinnvoll umgehen lernen.

Der Christus-Impuls im Menschen-Ich: dadurch können Ziele und Ideale gefunden und verwirklicht werden oder man arbeitet damit an der Läuterung seines eigenen Schattens, was allmählich zu einem reicheren und freieren Seelenleben hinführen kann. Sinnvolle Ideale verbinden und durchdringen Einzelmenschen, sie verbinden auf einer höheren Ebene. Dadurch entstehen mehr geistige Verbindungen und

Interessens-Gemeinschaften. Nicht mehr Blutsbande und äußere, auf Äußerlichkeiten gründende, also irdisch und materialistisch ausgerichtete Gemeinschaftsbildungen sind heute mehr zeit- und geist-gemäß, sondern viel eher das, was an allgemein-menschlichen, an humanistischen Werten und Idealen unser Sein beflügelt und durchdringt.
Hohe Menschheitsziele strömen von dem Christus-Wesen aus. Lassen wir uns von diesen befruchten, denn der Christus durchdringt die Lebenssphäre der Erde und unser Ich, wenn wir dies wollen. Und dies vor allem, wenn wir in seine Sphäre, in sein Reich streben, wenn wir also „Bettler im Geiste" werden, reinen Herzens und uns mit unserem Ich ihm hingeben lernen: „Nicht ich, der Christus in mir". Dies ist die magische Formel, die Paulus ausgesprochen hat, mit der wir uns nähern seinem Reich, seinem Leben, seinem Wesen, seinem Ich.
In diesem Ich finden wir uns erst selbst, denn im großen Ich, im Welten-Ich ist das große Wir, ist das höhere Ich aller Menschen aufbewahrt. In diesem hohen Ich sind wir erst ganz und mit dem großen Kosmos, wie auch mit der Erde verbunden - und dies vor allem, wenn wir bereit werden, unser kleines Ich mit diesem großen Welten-Ich zu vermählen.
Diese Entscheidung können wir nur selbst treffen. Entweder wir bleiben klein, vereinzelt und getrennt in unserem allzu menschlichen Ich oder wir öffnen und weiten uns, hin zum großen allumfassenden Wir. Damit bestimmen wir unsere Zukunft selbst.
Der „Krieg aller gegen alle" resultiert aus dem kleinen Ich, das sich selbst auf einen Thron setzen will. Der Friede kommt, wenn sich das Ego, das niedere Ich, einem Größeren, Reineren und Sinnvolleren unterstellt. Dazwischen gibt es nichts. Auf schmalem Grad, auf Messers Schneide wandelt der Mensch. Dessen sollten wir uns bewusst sein oder zumindest werden. Wir haben die Wahl zwischen Egoismus, Einsamkeit, Zwietracht und Kampf oder einem Leben der Sinnhaftigkeit, Brüderlichkeit, Freiheit und der Liebe zu Gott.
Diese Wahl dürfte folglich recht einfach sein und doch ist sie so schwer, weil das Ego, das niedere Ich es so schwer hat, sich selbst zu überwinden, weil es eben so schwach und verkrampft ist und weil es zu stolz ist, um die Hilfe des Christus in Anspruch nehmen zu wollen.
Eine Feindschaft gegen das Göttliche lebt eben auch im kleinen Ich. Dahinter stecken die finsteren Kräfte und Mächte, die sich letztlich selbst zum Gott machen wollen. Ohne diese zu erkennen, auch in uns selbst, wird es nur sehr schwer sein, den Weg zum Guten, zum Wahren

und damit zum Göttlichen finden zu können.

In diesem Sinne hat wohl jeder noch ein „Stück" Arbeit vor sich, der Arbeit an sich selbst, in und mit seinem hohen Selbst, das diese Arbeit beschleunigen und erfüllen hilft.

Manche Esoteriker trennen jedoch immer noch zwischen der Welt des Lichtes und Welt der Finsternis. Die Welt, in der wir leben, ist dann die Welt der Finsternis und so sollen wir diese verlassen, um in die Welt des Lichtes eingehen zu können. Doch die natürliche Welt ist eine Mischung aus beiden Kräften. Bis in den Stoff, bis in die Nahrung hinein können göttliche Kräfte wirken, wie auch die Kräfte der Verhärtung, die aus dem Inneren der Erde aufsteigen. So hat sich der Mensch auch hier immer wieder zu entscheiden, wie er mit dem Stoff, wie er mit der Nahrung und wie er schlielich mit der Erde umgehen will. Wir können segnen und dankbar sein, wir können bitten, dass göttliche Kräfte das Erdensein durchdringen und stärken oder wir können die Erdenstoffe auch nur gebrauchen, ausbeuten oder gar zerstören beziehungsweise sie nur für unsere Egoismen benutzen, das macht letztlich den großen und alles entscheidenden Unterschied aus.

Der Mensch, er kann erlösend und heilend auch für die Wesen und Kreaturen der natürlichen Erde wirken oder er kann die Erde knechten und zerstören. Dies liegt in seiner freien Entscheidung. Und dies wird schließlich bewirken, ob er sich zu einer neuen geistigen Hierarchie hinentwickeln kann oder ob er dem Tierischen, der sogenannten „666", also den Kräften der Finsternis verfällt und damit eine zukünftige Trennung von der fortschreitenden Menschheits-Entwicklung erfahren muss.

Nur sollte sich dann niemand wundern, wenn er eben das bekommt, was er selbst einmal heraufbeschworen hat. Wir sind nämlich für unser Tun und Lassen immer selbst verantwortlich – im Guten wie im Schlechten, das sollten wir niemals vergessen. Denn alles, was wir von uns geben, kommt irgendwann auf uns zurück. Das ist die Macht des Schicksals, die wir selber in den Händen halten können.

Das Schicksal gestalten

Das Schicksal ist nicht determiniert, auch wenn es manchmal scheint, dass bestimmte Ereignisse und Einflüsse unabdingbar und nicht zu ändern sind. Gewiss, es gibt Merkmale, wie die Vererbung, der genetische Code, die Eltern, die Umwelt und die Kultur, in die sich eine Menschenseele inkarniert und die karmisch gesehen festgelegt sind. Sie prägen das heranwachsende Kind nach bestimmten Mustern, mit denen das Menschenwesen sich im Laufe des weiteren Lebens arrangieren und auseinandersetzen muss.

In der neueren pränatalen Forschung hat man festgestellt, dass schon im Mutterleib der Fötus Signale und Informationen von der Mutter empfängt, die im späteren Leben förderlich sind oder auch zu krankhaften Auswüchsen führen können, wenn negative Einflüsse wie Stress, Alkohol, Drogen, Depressionen, Schocks oder Psychosen die Schwangerschaft begleiten.

Und so zeigt sich in einem Geburts-Horoskop dann auch die Veranlagung, mit der eine Menschenseele auf der Erde erscheint. Da sind immer Stärken, Talente und harmonische Konstellationen enthalten, aber auch Schwächen und konfliktreiche Aspekte, die im Laufe des Lebens zu lösen sind.

In manchen psychologischen und spirituellen Bewegungen wird ja gerne proklamiert, der Mensch soll seine Potentiale, seinen inneren Reichtum verwirklichen, in dem er nach Erfolg und Glück streben soll. Denn dies sei der eigentliche Sinn im Leben.

Gegen ein Streben nach Wohlstand und Glück ist prinzipiell nichts einzuwenden, ob dies aber der Aufgabe entspricht, die das höhere Menschenwesen an den Menschen stellt, ist eine andere Frage, da dieses hohe Selbst eben das gesamte Schicksal und damit alle verschiedenen Inkarnationen der Seele überblickt. Denn zuvorderst kommt der Mensch auf die Erde, um auf ihr zu lernen, um sich auf ihr entwickeln zu können. Und dies geschieht am Besten, wenn man auch Hindernisse und Schwierigkeiten vorfindet, an denen das menschliche Ich wachsen und reifen kann.

So bietet auch jede Zeit, jede Kultur und Umwelt spezifische Eigenarten, die neue Möglichkeiten des Lernens und der Entwicklung hervorbringen. Allein die moderne Lebensweise, hervorgerufen durch technische und wissenschaftliche Entwicklungen, fordert den Einzelnen zu einem bewussten Umgang damit heraus, denn ein falscher beziehungsweise ein unreifer Umgang mit bestimmten Techniken kann gefährlich und krankmachend sein und dies im Individuellen wie im Kollektiven, wenn man nur einmal die Atomtechnologie als Beispiel in Erwägung zieht.

Jedoch, die Auseinandersetzung des Menschenwesens mit seiner Umwelt auf der Erde fängt schon sehr früh an, denn der Leib, der durch Vererbung von den Eltern, also aus dem Erbstrom mitgebildet ist, muss so angepasst werden, damit sich die werdende Individualität darin ergreifen und spiegeln kann. Dazu dienen zum Beispiel die verschiedenen Kinderkrankheiten oder grundsätzlich auch das Fieber, wodurch Leibliches durchdrungen und individualisiert werden kann. Überhaupt bedeuten Krankheiten eine Möglichkeit des tieferen Eingreifens der geistigen Individualität, wenn sich der irdische Mensch nämlich von seinem eigenen Wesen zu weit entfernt hat.

Denn der Mensch ist im Gegensatz zu den Tieren, die immer in sich ganz, die so sind, wie sie sein müssen, in sich gespalten. Wir stehen zum Beispiel vor einem Spiegel, können mit uns zufrieden sein oder oftmals auch nicht. Wir beobachten uns selbst und merken, wenn wir tiefer in uns hineinhorchen, dass wir eben noch nicht so sind, wie wir gerne wären oder auch sein sollten. So ist der Mensch aufgerufen, sich immer mit sich selbst und seiner Umwelt auseinander zu setzen. Allein schon die Außentemperaturen zwingen ihn, sich dagegen zu wappnen. Der Mensch baut sich Häuser, entwirft Kleidung und Schutz, damit er überhaupt überleben kann. Im Tierreich ist alles schon vorgegeben, ein Tier friert nicht, da sorgt das Gattungswesen für eine natürliche Harmonie und Eingebundenheit in die Umgebung. Der Mensch aber, er ist aufgerufen, für sich selbst zu sorgen. Denn dadurch wächst er in seinem Ich.

Sicher, als Kleinkind wird noch für dieses gesorgt, doch Erwachsenwerden heißt eben auch, dass wir die „Mitbringsel", das Vorgebildete so annehmen, dass wir darauf aufbauen können, indem wir dieses Mitgebrachte so wandeln lernen, damit es immer mehr zu etwas Eigenem wird. Letztlich geht es ja darum, dass wir die vorgeburtlichen Impulse, die sich das Menschen-Wesen für diese Inkarnation vorgenommen hat, auch umsetzen können.

Je größer aber die Widerstände sind, umso stärker muss sich das Ich bewähren und beweisen. Ein schwaches Ich wird leichter scheitern können. Allein schon durch das „Wegimpfen" der Kinderkrankheiten fällt es vielen Seelen schwer, ihren eigenen Körper richtig ergreifen zu können. Das führt schließlich dazu, dass kaum eigene Impulse der geistigen Individualität umgesetzt werden, man erstarrt in Traditionen, Sicherheiten und dem, was vorige Generationen hinterlassen haben. Oder man rebelliert als Jugendlicher, meist in unzureichender Weise, in dem zum Beispiel ein Ausweg, ein Anders-Sein im Rausch und im Vergnügen gesucht wird. Wirklich erneuernde geistige Impulse kommen so aber nicht ins irdische Leben hinein.

Damit aber die Impulse der geistigen Individualität überhaupt ins Irdische getragen werden können, braucht es ein starkes Ich, das sich in der Kinder- und Jugendzeit an Widerständen, aber auch an Idolen, an echten Vorbildern und Idealen ausbilden kann. Die Mit- und Umwelt, sie spiegeln im Endeffekt ja den eigenen Reifegrad. Gerade in der Pubertätszeit muss sich der Jugendliche von elterlichen Vorgaben lösen können, damit er sein Eigenes, damit er sein Ich finden kann.

Ein eher schwaches Ich sucht meistens noch die Anerkennung in einer Gruppe Gleichgesinnter. Für den Jugendlichen ist das auch noch in Ordnung, da ist die Clique, die Gruppe der Zufluchtsort, nach dem die Eltern, das kuschelige Elternhaus zweitrangig geworden sind. Doch in den Zwanziger Jahren, wenn der Ich-Kern im Menschen erwacht, sollten allmählich die individuellen, die einzigartigen Impulse gesucht und erprobt werden, die sich die Menschen-Seele vorgeburtlich vorgenommen hat, in dieser Inkarnation verwirklichen zu können. Die sogenannten Lehr- und Wanderjahre dienen diesem Ziel.

Findet der Mensch seine Aufgabe, seine Berufung für dieses Leben, so wird sich Sinn und Zufriedenheit einstellen. Diese Aufgabe kann im Beruf, in der Familie, in der Kunst, in der Religion, also in vielen Gebieten des irdischen Lebens gefunden werden. Das heißt aber nicht unbedingt, dass damit Glück und Wohlstand, Reichtum und ein sorgloses Leben verbunden ist. Eine Aufgabe ist immer auch mit Arbeit, mit Mühe, mit Ausdauer, mit Widerständen und Rückschlägen verbunden. Daran kann das Ich wachsen, wenn es bereit wird, sich für diese Aufgaben zu opfern. Wenn wir etwas in Liebe tun, wenn wir die Aufgaben, die uns das Leben stellt, in Liebe annehmen, so ist dieses Opfer nichts Negatives, nichts allzu Schweres, sondern etwas, das uns innerlich stärkt und reifer machen kann.

Den Widerständen des Lebens aus dem Wege gehen und nur die Möglichkeiten annehmen zu wollen, die ein leichtes Glück versprechen, führt nicht zu einer Reifung und Stärkung des Ich. Sicher, es gibt spirituelle Schulen und Strömungen, die das Erden-Ich ablehnen, denn das wahre Glück soll in einem Himmel, in einem Nirvana oder Paradies gefunden werden, indem die Seele darin aufgehen und verschmelzen kann beziehungsweise alles Persönliche sich darin auch verliert.

In einem christlich-spirituellen Geist kommt es aber vor allem auf die Entwicklung des Menschen auf der Erde an, da er da die besten Möglichkeiten für eine Persönlichkeits-Entwicklung und Ich-Reifung hat.

Und so wird in neueren, vor allem psychologischen Schulen auch gerne von einer Selbst-Verwirklichung gesprochen, wo der Mensch seine Wünsche und Träume auf der Erde verwirklichen soll. Dadurch steigt das Selbstwert-Gefühl, vor allem auch, wenn man dabei erfolgreich ist, wenn Reichtum, Anerkennung und Ehre das persönliche Glück vermehren. Bei tieferer Betrachtung kann dabei aber auffallen, dass es einem solchen „Selbstverwirklichten" meist recht schwer fällt, sich seine Fehler und Schwächen einzugestehen. Entweder man verdrängt oder negiert sie gerne oder aber man bestraft sich selbst für seine Mängel und Unvollkommenheiten.

Als junger Mensch ist eine Selbstverwirklichung sicherlich angesagt; da sollen Wünsche, Ideale und Träume auch versucht werden, zu leben und umzusetzen. Jedoch, irgendwann kommt der Punkt, da sollte die Selbst-Verwirklichung in eine Selbst-Erziehung einmünden. Da erst wird eine wirkliche Ich-Stärke gebraucht. Seine Schatten und Schwächen annehmen und wandeln zu lernen, benötigt noch ganz andere Kräfte, als sich nur selbst ausleben beziehungsweise sich selbst erhöhen zu wollen.

Werden die Schattenseiten, die sich vermehrt ab der Lebensmitte offenbaren, nicht gesehen und bearbeitet, so zeigen meistens bestimmte Krankheiten die nicht ausgestandenen Versäumnisse, Ungerechtigkeiten und Attacken, die unsere Mitwelt, die unsere Nächsten und Kollegen für uns spiegeln, weil wir die eigenen Reaktionen, das eigene Angriffsfeld, das wir solchen von Außen kommenden Impulsen entgegenhalten, nicht gerne sehen wollen. Die äußere Welt, sie spiegelt im Endeffekt unser eigenes Innere und da können wir ansetzen, da können wir ändern, so dass diese Energien sich nicht auf die körperliche Ebene beschränken müssen, wo sie eben in Krankheiten zutage treten können. Schicksalskrisen und Krankheiten beinhalten daher immer auch eine geistig-moralische Herausforderung, sie sind keine Strafen, denn sie fordern uns auf, sie zu bewältigen, an ihnen seelisch-geistig zu wachsen, wenn wir ihren tieferen Sinn erkennen können.

Zu leicht ist man heute aber auch geneigt und verführt, mittels Chemie und chirurgischer „Reparatur" die Symptome zu unterdrücken, um ja nicht an den tieferen Ursachen arbeiten zu müssen. Langfristig führt dies aber immer zu einer Ich-Schwächung, bis dahin, dass das Ich gar nicht mehr richtig in den Leib und zuweilen auch nicht mehr in die Seele eingreifen kann. Dann vegetiert der Mensch nur noch vor sich hin. Eine „Verblödung", eine Demenz kann die Folge sein.

Somit sind in unseren alltäglichen Schicksals-Begebenheiten immer auch gewisse Auseinandersetzungen mit dem Bösen verbunden. Was ist schließlich aber gut und was ist böse?

Im Zeitalter, wo der Darwinismus das wissenschaftliche Leben prägt, verschwimmen diese Begriffe recht leicht. Da spricht man viel eher: was ist nützlich und was schadet mir. Denn im Darwinismus ist das Nützliche, das Erfolgreiche ja das, was sich behaupten, was sich besser anpassen, was schlauer und klüger und was stärker ist. So gesehen geschieht dies zumindest in der natürlichen Welt. Wird diese Geisteshaltung auf den Menschen übertragen, als ein sogenannter Sozial-Darwinismus, bedeutet dies: der Mensch bleibt im nur Natürlichen, zumeist im „Tierischen", in einem „darwinistischen Egoismus", also in der sogenannten „666", der Zahl des Tieres stecken.

Ein geistig Böses setzt im Denken an und versucht, dieses an einseitig persönliche Vorteile zu binden. Ein größerer sozialer Zusammenhang, eine gegenseitige Hilfe und ein zwischenmenschliches Engagement findet darin keinen Platz. Eine tiefere Bedeutung beziehungsweise eine Wandlung des Bösen wird so aber nicht mehr gefunden.

Und so hat sich in einem „Sozial-Darwinismus" auch eine Menschengruppe herangebildet, die sich für eine „Elite", die sich für Führer- und Herrscher-Menschen halten, weil sie reicher, erfolgreicher und mächtiger geworden sind. Das wird dann als etwas Besonderes und Gutes angesehen, das der „Rest", die Schwachen nicht erreichen können.

An dieser Einstellung krankt die Welt immer mehr. Eine Zurechtweisung durch moralische Prinzipien von „Oben", also seitens einer religiösen und humanistischen Ethik genügt hier aber auch nicht mehr.

Jeder Einzelne muss heute erkennen, was für ihn gut oder schlecht, was fördernd und was böse ist und das geht meistens nicht ohne eine Selbsterfahrung.

Man kann das Gute oder Böse beziehungsweise Handlungen daraus sicher zunächst einmal moralisch und ethisch bewerten, aber es gibt daneben eben auch ein intellektuell Böses, das die Grundlage für viele Handlungen liefert, wie eben ein einseitiger Darwinismus dies ist. Dies zu erkennen ist für soziale Zusammenhänge unabdingbar. Dahinter verbirgt sich das geistige Fundament einer heutigen, sehr zentralen Weltanschauung, nämlich ein einseitiger Materialismus, der für viele Problme in der heutigen Zeit, für Umweltverschmutzung, Sozial-Abbau, Klimawandel, Gewalt und Krieg verantwortlich ist.

Erst aber, wenn wir merken, dass böse Taten und negative Seelenhaltungen uns im eigenen Inneren schädigen oder verkümmern lassen, kann eine Wandlung folgen. Jemand kann ja schädigen, verleumden, unterdrücken und sich dabei noch stark, mutig und groß fühlen, zumindest kurzfristig. Jedoch, bei genauerer Betrachtung kann bemerkt werden, dass man sich dabei seelisch verengt, dass innerer Reichtum und moralische Kräfte verloren gehen. Negative Kräfte wie die Rachsucht und die Eifersucht, wie Gewalt, Neid, Gier, Hass, Angst, Hochmut und Arroganz schwächen und schädigen einen selbst, die Seele verkümmert dadurch mehr und mehr.

Liebe, Wahrhaftigkeit, Güte, Demut, Treue und Weisheit wirken seelisch gesundend und aufbauend – mehr als alle bürgerliche Moral.

Diese Erfahrung zu machen, darauf kommt es heute an. Das Gute in uns, es schenkt Gesundheit, Zufriedenheit, Sinn und Erfüllung und das ist mehr, als aller Reichtum dieser Welt. Haben wir dies erkannt, so haben wir dadurch die Möglichkeit, unser persönliches Schicksal mit zu gestalten. Denn egal, welches Schicksal wir mitbringen und was uns von Außen entgegenkommt, wir können darauf immer mit den guten Kräften antworten, manchmal auch nur mit Geduld, Demut und Ergebenheit. Aber darauf lässt sich aufbauen. Dadurch sind wir eben nicht mehr nur ein Opfer unseres Schicksals beziehungsweise unserer Gebrechen.

Die guten Kräfte stehen uns immer zur Verfügung, wenn wir sie anstreben und anwenden wollen. Nur wir selbst können uns dabei behindern, wenn wir zu faul, zu eitel und zu abweisend geworden sind. Dann hat das Böse freie Hand. Entscheiden wir uns für die guten Kräfte, in der Seele, im Denken und in unseren Handlungen, so gestalten wir unsere Zukunft mit der Zeit immer stärker selbst. Denn damit ziehen wir zukünftig das Entsprechende an. Wir haben also immer die freie Wahl, zumindest ein Ich, das erkennen kann, was für sich und auch für das Ganze, für das Wohl des Ganzen, das Gute oder das Böse ist.

Licht in dunkler Erdenzeit

Der Genius der deutschen Sprache hätte uns sehr viel zu sagen, wenn wir nur auf die feinen Winke achten würden, die uns hinweisen können auf die vielen weisheitsvollen Gesten, die darin verborgen sind. So können wir das Wort Licht einmal in einer meditativen Weise zu betrachten versuchen.

Zwichen dem anfänglichen L und dem abschließenden T ist ein „ich" enthalten. L steht für das Leben und ist ein fließender, beweglicher Konsonant. Das T schließt als Gebärde etwas ab, steht also auch für den Tod. Das Ich kann folglich zwischen dem Leben und dem Tod betrachtet werden, so wie es sich auch tatsächlich in einer irdischen Inkarnation heranbilden und auswirken tut.

Zwischen dem L, dem Lebensbaum und dem T, dem Todesbaum beziehungsweise dem Erkenntnisbaum kann das Ich sich äußern, kann es wachsen und reifen und vielleicht auch zwischen diesen Polen vermitteln.

Der Lebensbaum deutet beim Menschen in seinem leiblichen Geschehen auf die vitalen Blutkräfte, wie auch auf die Stoffwechsel- und Fortpflanzungskräfte hin, der Erkenntnisbaum verweist biologisch gesehen dagegen in das Nervensystem hinein, auf dessen Grundlage wir zu einem wachen Bewusstsein und damit zu Erkenntnissen kommen können.

Zwischen Geburt und Tod beziehungsweise dann auch in analoger Weise zwischen dem Lebens- und Erkenntnisbaum entwickelt sich das menschliche Ich in einem irdischen Leben. Zuvor war die ungeborene Seele noch in den Reichen des Lichtes geborgen. Die irdische Geburt zeigt und deutet darauf hin, dass das kleine Kind noch viel Lichthaftes und Lebendiges in sich trägt. Doch im eigentlichen Leben, wie auch in der Lebenssphäre des geistigen Lichtes, kann der heutige Mensch noch nicht wachbewusst agieren. Das Kleinkind ist hauptsächlich noch in diese Lebenssphäre eingebettet, daher hat es in diesen ersten Jahren so enorme Wachstums- und Entwicklungsmöglichkeiten. Und beim Erwachsenen geschieht dies in jeder Nacht in ähnlicher Weise, wenn das Bewusstsein erlöscht und sich der Leib im Schlaf regeneriert, wenn er also nur noch im vegetativen, schlafenden Leben verweilt. Und wie wir alle wissen, hat das Kleinkind die ersten drei Jahre keine Erinnerung von sich als Eigenwesen, es lebt beziehungsweise es wird noch vom höheren Leben, vom Licht, das noch aus dem Vorgeburtlichen hereinscheint, gelebt und durchdrungen. Erst wenn ein erstes Ich-Bewusstsein mit circa drei Jahren erwacht, entsteht allmählich ein Bewusstsein von einem Eigenwesen, also von sich selbst.

Damit ist aber verbunden, dass, zumindest biologisch gesehen, die ersten Todesprozesse in das Menschenwesen einziehen. Alle Nerven- und Erkenntnisprozesse sind biologisch abbauend. Im Erdensein ersterben wir.

Zunächst überwiegen noch die Lebenskräfte, aber mit den Jahren nimmt das Bewusstsein, nehmen die Erkenntnisfähigkeiten und damit die Todeskräfte zu.

Der Mensch als leibliche Persönlichkeit entwickelt sich zwischen dem Aufbau, dem Stoffwechsel beziehungsweise den Lebenskräften, dem Ätherleib und dem Abbau, den Nervenkräften beziehungsweise dem Astral- oder Seelenleib. Am Abbau, über das Nervensystem, erwacht das Ich zu sich selbst, sprich zu einem Selbstbewusstsein. Das Ich hat folglich auch die Aufgabe, zwischen dem leiblich-ätherischen beziehungsweise dem vegetativen Leben und den astralisch-seelischen Impulsen auszugleichen. Und wenn wir im Alter immer näher an die Todesschwelle herantreten, kann sich das Bewusstsein oftmals etwas leichter über die leiblichen Gegebenheiten erhöhen. Das Kleinkind ist noch ganz Leib. Der ältere Mensch lebt schon mehr im Geist, wenn er sich nicht zu sehr durch eine materialistische Denkweise in das Leibliche verhakt hat. Das heißt mit anderen Worten, der Lebensbaum, die ätherischen Kräfte schwinden, der Erkenntnisbaum, die astralen Kräfte des Bewusstseins und damit des Abbaus nehmen zu. Und durch den Tod löst sich die Seele ganz vom Leiblichen ab und kommt so wieder ins Licht.

Das Leben aus dem paradiesischen Lebensbaum, es kommt aus dem Licht, aus der geistigen Welt, aus der Sphäre der Sonnenkräfte. Dieses Leben wird jedem Menschen bei seiner Geburt zugeteilt. Lebenskräfte, das sind im biblischen Gleichnis auch die Talente, die jeder nach einem bestimmten Maß aus früheren Verkörperungen zugeteilt bekommt, sie können verbraucht, verpulvert werden oder sie können konstruktiv angewandt und gepflegt werden; sie können auch versucht, erforscht und so angeschaut werden, dass sie mit geistigem Licht, mit Ich-Kraft durchsetzt und durchdrungen werden. Dies ist eben eine Übung auf dem spirituellen Weg, dass wir lernen, mit den Lebenskräften bewusstseinsmäßig umzugehen. Geistige Heilweisen beruhen zumeist auf einer solchen Fähigkeit.

Im irdischen Leben, im Leib und im weiteren auch auf der Erde, wird es zukünftig immer wichtiger werden, mehr Licht, also auch mehr Bewusstsein ins Leben, ins natürliche Sein bringen zu können und dies durch ein Ich, das sich selbst im Licht finden und erlösen kann. So wird allmählich der ganze Mensch durchlichtet – sein Ich, seine Seele, sein Leben und sein Leib. Das Licht des Geistes, der Ich-Geist durchlichtet die Menschenseele immer mehr, wenn sich die Seele für den Geist des Lichtes öffnen kann. Das Licht des Ich, das ist das Christus-Ich, aus dem alle Iche ihre Wurzel, ihre Kraft und ihre Bestimmung erhalten. Christus durchlichtet über das menschliche Ich die Welt. „Ich bin das Licht der Welt". Sein Ich war und ist auf und in der Welt. Durch den Menschen, wenn dieser sich in Freiheit in seinem Ich dem großen Ich nähern will, verstärkt und erweitert sich das Christus-Ich in der Welt.
Damit erhält der Mensch eine Aufgabe, eine geistige Bestimmung, die da lautet: Finde das Licht im Ich, im Geiste, finde das geistige Ich, das wahre Ich – es wird dir leuchten in allen Lebenslagen.
Schließlich entsteht durch das Ich eine Dreiheit im Menschen. Das Leben kommt vom Äther- oder Lebensleib. Das Licht des Bewusstseins offenbart sich im Astral- oder Seelenleib. Dazwischen hat sich das Ich zu finden. Bewusstseinsmäßig zunächst im Licht des Seelischen, in der astralen Welt. Zwischen Leben, dem Leiblichen und dem Licht, dem Seelischen kann sich die Liebe heranbilden. Eine ichhaft gewollte Liebe ist folglich das eigentliche Betätigungsfeld, wo das Ich sich selbst finden und erhöhen kann. Liebe das Leben und liebe das Licht und liebe dich selbst in der Liebe zu dir – zu deinem eigenen Ich.
Viele spirituelle Einheitssucher hoffen in unseren Tagen immer noch auf einen Transformationsprozess ins Licht, in eine lichtreiche Zukunft und dies verstärkt seit der Wintersonnenwende des Jahres 2012, als im Maya-Kalender das Ende einer langen Zeit-Epoche verkündet wurde. Viele Spiritualisten meinten damals, sie könnten dadurch einfach ins Licht aufsteigen, denn ab da soll das Licht so stark werden, dass man sich diesem nur anschließen beziehungsweise ausliefern bräuchte.
Doch die Jahre davor und danach sind im Irdischen vor allem von einem Mächtigwerden der dunklen Mächte und Kräfte gekennzeichnet. Despotische und autoritäre Kräfte in Politik und Gesellschaft nehmen zu. Die Finanzmärkte und Großkonzerne bestimmen sehr oft, was und wie gewählte Politiker zu agieren haben. Nationalistische und autokratische Tendenzen bedrohen die gesellschaftlichen Strukturen, die sich in demokratischen Prozessen, geschichtlich betrachtet, auch nach vielem

Blutvergießen, allmählich herausgebildet haben. Das Böse bäumt sich heute immer noch sehr mächtig auf. Dies kann natürlich auch als ein Zeichen gewertet werden, dass irgendwo viel Licht vorhanden sein muss, denn der Schatten offenbart sich ja nur durch das Licht.

Nur haben wir meistens leider mehr Augen für das Dunkle und Schattenhafte, das Lichtvolle und Gute sieht man dagegen nicht so leicht. Zumindest ist dies in den Medien, in den alltäglichen Nachrichten so. Da stürzt man sich auf sämtliche negative Zeiterscheinungen und schafft somit eine Stimmung des Ängstlichen, des Unheilvollen und des Untergangs! Ist dies vielleicht eine Absicht oder offenbart dies nur eine Tendenz des Nekrophilen, der Todessehnsucht, der Todeskraft, die in jeder Menschenseele eben auch eine Wurzel hat, wie auch des Guten, des Positiven und Lebensvollen, das wir ebenfalls in uns tragen können?

Der einzelne Mensch ist somit aufgefordert, sich zu entscheiden, ob er hauptsächlich den Lebens- oder den Todeskräften seine Aufmerksamkeit schenken will. Dies bestimmt sein weiteres Seelensein, sein zukünftiges Leben.

Jedoch, das Böse, es drängt sich auf, es versucht, viele Menschen in seinen Bann zu ziehen. Einerseits durch das moralisch Böse, also durch die niederen Seelenkräfte, wie dem Neid, der Gier, der Rache, der Angst, der Gewalt, dem Hass, der Lüge und der Verblendung und so weiter, an die sich Dämonen und dunkle Wesen anhaften können, bis dahin, dass sie ganz von ihm Besitz ergreifen und zu Taten führen und drängen, die der Mensch im Nachhinein sehr bereuen kann. Nur ist dabei zu beachten, dass er selbst solche Wesen eingeladen hat, eben durch eine destruktive Denk-, Gefühls- und Lebensweise. Davon kann sich der Mensch nur durch ein Ich befreien, das sich für das Gute und Wahre entschieden hat.

Jedoch erleben wir in unserer Zeit nicht nur ein seelisch-moralisches Böses, sondern auch ein intellektuell-geistiges Böses, nämlich einen groben Materialismus, Technokratismus und Automatismus, der durch eine kalte, berechnende und nur auf das Irdische ausgerichtete Intelligenz hervorgerufen wird. Ihm fehlt der Zugang zu allem Lebendigen. Daher nehmen die Todeskräfte in der Welt auch so immens zu. Darunter leidet die Erde sehr stark. Damit wird von gewissen Mächten letztlich versucht, allmählich die gesamte Menschheit an das nur Irdische beziehungsweise an das Tode zu fesseln und damit zu versklaven. Lügen und Ängste sollen die sozialen Errungenschaften und Gesellschaften durchziehen, damit der Mensch sein Mensch-Sein, seine irdische Berufung

und Aufgabe und damit sein höheres Wesen vergisst.
Nur ein starkes, waches und bewusstes Ich kann und soll diese Mächte und Kräfte durchschauen und erkennen lernen. In seinem und durch sein Ich hat der Mensch die Möglichkeit, in sich einen Stand, einen Raum, eine Mitte zu bilden und zu finden, wo er geschützt ist von den finsteren Kräften der Seele und den Einflüsterungen einer materialistischen Kultur aus Schule und Wissenschaft beziehungsweise einer agnostischen Kultur in der heutigen Konsum- und Spass-Gesellschaft.
Wenn wir oben vom Baum des Lebens und der Erkenntnis als Polaritäten beziehungsweise in leiblicher Hinsicht auch vom Stoffwechsel- und Nerven-System gesprochen haben, so muss der Vollständigkeit halber noch ein Drittes hinzukommen: Das Kreislauf-System, das zwischen Nerven, also zwischen dem Kopfpol und dem Bewegungs- und Stoffwechsel-Pol vermitteln kann. Diese Aufgabe übernimmt hauptsächlich das Blut, das dem inneren Rhythmus aus Herz- und Atmungsfrequenz unterliegt.
Blut enthält Lebenskräfte, es bildet aber auch die Grundlage für das Eingreifen des Ich in den menschlichen Willen und damit in die Tat hinein. So ist es eben auch das Ich, das zwischen Leben und Tod, zwischen Lebens- und Bewusstseinskräften vermitteln und sich dabei entwickeln kann. Dieses Ich hat dadurch auch die Entscheidungsmöglichkeit, sich für das Gute oder das Böse einzusetzen. So wie das Blut im Kreislauf zwischen den Lebens- und Bewusstseinskräften vermitteln und ausgleichen kann, so das Ich zwischen Leben und Tod, zwischen Geist und Materie, zwischen Licht und Finsternis oder auch zwischen dem Guten und dem Bösen.
Letztlich gibt es auf der Welt aber nichts, was nur gut oder was nur böse ist. Das Gute wird oftmals erst dem Bösen abgerungen. Es bildet sich nämlich erst in der Mitte zwischen zwei extremen Polen, die immer in ein Krankhaftes, Einseitiges und Böses einmünden müssen. Das Ich, das sich für das Gute entscheidet, muss also eine Mitte finden können, in der sich Einseitigkeiten ausgleichen und ergänzen können. Nur Abbau schadet, nur Aufbau ebenso auf der biologischen Ebene. Nur Leben, ohne Bewusstsein schadet, nur Bewustsein, ohne Leben ebenso. Nur Finsternis oder nur Licht bedeutet eben eine Einseitigkeit. Erst wenn ein harmonischer Zusammenklang aus Licht und Finsternis gefunden wird, kann sich zum Beispiel ein Regenbogen ausbilden oder eben die Kraft der Liebe, die alle Einseitigkeiten so annehmen und damit verwandeln kann, dass daraus etwas Höheres, Reineres und

Edleres entstehen wird.

Im Ich ist Licht, ist Leben und ist Tod. Dazwischen kann sich die Liebe heranbilden und entwickeln. Ich lebe für das Leben und liebe es und ich sterbe für das höhere Leben, für das geistige Licht, das in meinem Ich erstehen will, wenn dieses sprechen lernt: „Nicht ich, das Christus-Ich, das Welten-Ich, das wahre göttliche Ich in mir".

Dieses höhere Leben, dieses geistige Licht kann nur ein Ich in sich selbst entzünden und dies, in dem es immer mehr zu lieben beginnt. Und so können sich im Ich das göttliche Licht, das Leben und die Liebe des Christus begegnen.

Meistens ist es aber noch so, dass das menschliche Ich sich selbst erhöhen, sich selbst in den Mittelpunkt stellen will. Gerne ist man stark, erfolgreich, erhaben und groß. Das sich selbst erhöhende Ich oder das sich in Liebe verschenkende, einem Höheren sich hingebende Ich, das ist die Entscheidung, die jeder einmal auf einem spirituellen oder religiösen Weg zu treffen hat.

Durch eine Selbstreflexion, durch eine Selbsterkenntnis und eine Selbst-Erziehung hat es das Ich selbst in der Hand, ob es sich von den finsteren, verlockenden und vereinnahmenden Sinnes- und verhärtenden Erdenkräften in unseren allzu „modernen" Zeiten mitreissen und gefangen nehmen lässt oder ob es sich daran bewähren, ob es standhalten, verzichten und überwinden, ob es sich schließlich daran erstarken und reifen kann. So dient das Einseitige und Extreme, das Böse letztlich dem Guten und hat damit auch einen Sinn. Das Schwierige und Böse meiden zu wollen, nur um mit der Seele, meist ohne ein Ich, in das Licht entfliehen zu wollen, ist ein Irrweg, da er auf eine weitere Entwicklung des Menschen-Ich verzichtet.

Hat der Mensch eine genügende Erkenntnis- und Urteilsfähigkeit errungen, für das, was wirklich gut und was schlecht für ihn selbst, wie auch für seine Mitmenschen und für das Wohl des Ganzen, also auch für die Erde ist, so sind damit die besten Grundlagen geschaffen, seinen Menschenweg selbstbestimmt, bewusst und als wacher Zeitgenosse beschreiten zu können. In einem Ich, das sich durch die Finsternis, das sich durch die „Nacht" im Licht der Wahrheit, in der Weisheit und in der Liebe gefunden hat, ist uns ein Licht, ein Wegweiser und eine Leuchte gegeben, die uns auch in finsterer Zeit den rechten Weg finden und auch gehen lässt. Dies ist unsere Stärke, dies ist unsere Kraft, dies ist unser Weg.

Der menschliche Leib ist vor allem ein Produkt der Vergangenheit, die

Seele bildet sich in der Gegenwart, hier sollen wir vor allem im „Hier und Heute" leben können. Doch geistig soll der Mensch einer Zukunft entgegenstreben, durch einen Ich-Willen, der ihn mit dem Geist, der ihm aus der Zukunft entgegenkommen will, verbinden kann.

Also nur in einem Hier und Jetzt zu leben, wie dies viele Spiritualisten lehren, genügt noch nicht, wenn dies auch eine wichtige Lektion für viele Zeitgenossen ist, die mit ihren Wünschen meistens mehr in der Zukunft leben oder aber noch an Altem, an Vergangenem hängen geblieben sind.

Letztlich geht es ja darum, dass wir alle Zeiten überblicken lernen: „Zum Raum wird hier die Zeit". Dieser Mysterien-Ausspruch aus dem Grals-Epos besagt: So wie im Raum alle Dinge nebeneinander stehen, so soll der Zeitenblick sich einmal ausbilden können. Dafür dürfen wir weder zu stark in der Vergangenheit, noch in der Gegenwart, noch in der Zukunft verharren. Nach dem Tode entsteht ein Lebenspanorama, in dem alles gleichzeitig und nebeneinander sichtbar wird. Dies können wir auch schon heute üben, in dem wir zum Beispiel eine tägliche Rückschau praktizieren oder Nachsinnen, wie und wodurch wir unser Leben so oder so gestaltet haben, aber auch, wenn wir uns Ziele setzen und schauen, wie das Zukünftige in unser Leben hereinkommen will.

Damit sind dem menschlichen Ich Möglichkeiten angezeigt, die es erweitern, vergrößern und reicher machen können. Geburt und Tod schließen den Menschen nicht ab, denn das irdische Leben hat immer auch eine Auswirkung auf eine zukünftige, licht- und geistvolle Welt.

Vom Aufstieg ins kosmische Ich

Nun steht das letzte Kapitel einer Arbeit vor mir, die mich über zwanzig Jahre beschäftigte. Und so will ich hier versuchen, eine Art Quintessenz beziehungsweise eine Zusammenfassung des Wesentlichen aus dieser Arbeit darzulegen.
Viele Geistsucher träumen ja von einem Aufstieg ins Licht. Es gibt aber keinen Aufstieg ohne einen Abstieg, das besagt schon das Gesetz der Polarität, das überall auf der Erde wirkt. Diese duale Welt, die eben auch Leidvolles in sich birgt, wollen folglich auch viele Geistsucher gerne überwinden, in dem sie nur noch die Einheit anerkennen, aus der wir einst entsprungen sind. Wendet man demzufolge das Gesetz der Resonanz an, so müsste diese Einheit gefunden werden, wenn wir in uns selbst diese Einheit herbeiführen können und zwar vor allem in unserem Denken, Fühlen und Wollen, wenn wir folglich alles so betrachten wollten, dass diese Einheit überall zu finden ist. Dies ist mit unserem gewöhnlichen, gegenständlichen Bewusstsein so aber nicht möglich, da wir den Dingen der Welt gegenüberstehen und diese zunächst nur von „Außen" betrachten können.
Die irdische Welt beziehungsweise das menschliche Ich, das uns in die Vereinzelung und Trennung getrieben hat, wird von diesen Einheitssuchern daher gerne als Maya, als eine Illusion erklärt. Damit entfremdet man sich natürlich vom Erdensein. Eine spirituelle „Abgehobenheit" entsteht, die von bestimmten geistigen Wesen und sogenannten aufgestiegenen „Meistern" noch gefördert wird, die durch „Channelings", also mediumistischen Eingaben diese Anschauung manch offenen Seelen lehren. Dabei kommen oftmals recht außergewöhnliche und abstruse spirituelle Impulse und Anschauungen herein, zum Beispiel von kosmischen Wesen fremder Galaxien oder von „Rettern", die mit Raumschiffen oder ähnlichem die spirituellen Sucher aus dem Jammertal der Erde befreien wollen. Da ist dem spirituellen Treiben scheinbar keine Grenze gesetzt. Alles ist erlaubt, was nur irgendwie spektakulär, voller Liebe, Freude und Vertrauen beziehungsweise von einer gefühlsbetonten Einheitssehnsucht getragen ist.
Hier soll auch gar nichts gegen eine Sehnsucht nach Einheit und Harmonie ausgesagt sein. Doch solange wir auf der Erde sind – und wir haben als Menschen eine Erden-Aufgabe, haben wir in uns auch eine

Sehnuscht nach einer Erfüllung dieser Aufgabe. Die sollten wir daher nicht verdrängen oder negieren, nur um den Wunsch nach Einheit erfüllen zu können. Folglich bestimmen mindestens zwei Sehnsüchte das seelische Innenwesen: die Sehnsucht nach Einheit und die Sehnsucht nach Gestaltung, nach schöpferischem Ausdruck und persönlichem Sein. Und so kommt zu dem Gesetz der Resonanz, zu dem „Gleich und Gleich gesellt sich gern", das der Einheitssehnsucht zugrunde liegt, noch ein anderes Gesetz hinzu.

Viele Esoteriker meinen ja, wenn sie nur noch positiv Denken und friedevolle Gedanken und Gefühle hegen, wird dies auch im Außen auf sie zukommen, weil, wie die Saiten einer Gitarre bei gleicher Frequenz einfach mitschwingen. Aber dieses Resonanz-Gesetz erklärt nicht, warum oftmals gerade die Guten und Friedfertigen Opfer von Anfeindungen und Verbrechen werden.

Denn es gibt noch ein zweites Gesetz, das der Volksmund ausspricht in den Worten: „Gegensätze ziehen sich an". Die Motten werden vom Licht angezogen, der Plus-Pol vom Minus-Pol, das Männliche vom Weiblichen und umgekehrt, im Märchen ist es die Schöne und das Biest, die sich treffen und das Böse möchte ja am Liebsten alles Gute vernichten, also besteht auch hier eine große Anziehung.

Und so erleben wir in einer Zeit, in der viele spirituell interessierte Menschen von einem neuen Zeitalter des Lichts und des Aufstiegs sprechen, ein Aufbäumen und Starkwerden der menschlichen Abgründe beziehungsweise der Kräfte der Finsternis. Die „Tore zur Hölle" gehen immer weiter auf und gerade schwache Menschen, Kinder und Jugendliche sind dann die ersten Angriffspunkte. Eine Respektlosigkeit und Gewaltbereitschaft macht sich breit, Betrügereien im Internet oder anderswo, Bandenkriminalität, Attacken gegen Mandatsträger, Verunsicherung und Ängste der Bürger nehmen zu.

In meinen Jugendjahren in den 1970 iger Jahren konnte man noch die Wohnungstüren offen stehen lassen; per Anhalter durch die Welt fahren war ein willkommenes Fortbewegungsmittel; man fühlte sich in einem guten, freien Aufbruchs-Geist mit anderen Gleichgesinnten sehr verbunden. Sicher, es gab auch da Kriminalität und Gewalt, doch in der Jugend, bei Hippies, Freaks, Aussteigern und Weltenbummlern herrschte verstärkt ein Geist des Friedens, des Miteinanders, der Emanzipation und der Kreativität. Dieser damalige Jugend-Impuls brachte eine gesellschaftlich relevante Friedens-, Emanzipations- und Ökologie-Bewegung hervor, die noch bis heute für zahlreiche positive

Veränderungen mitverantwortlich ist. Einige Jahre später wurden des öfteren „Gangster, Machos, Schickimickis, Sexisten und Kraftprotze" die Idole vieler Jugendlicher und heute ist man meist recht angepasst an den Mainstream aus Konsum, Geldverdienen und Spaß- und Freizeitgesellschaft. Dies trägt aber nicht zu einer hohen Kultur und Zivilisation bei.

Allein die vielen Krimis, Science-Fiction Filme und Computerspiele bringen vermehrt Gewalt, Angst und Zerstörung in die Wohnzimmer oder gar in die Kinder- und Jugendzimmer hinein. Und im Internet kann inzwischen überall in der Welt jegliche Art von Porno und kriminellem „Know how" angesehen und heruntergeladen werden. Was dies den jungen Menschen antut, vor allem auch in sexuell unaufgeklärten und prüden Gesellschaften, wird viel zu wenig beachtet. Wenn dann junge Männer Frauen begrabschen und vergewaltigen, wen wundert es noch? Wir ziehen ja das an, mit was wir uns befassen beziehungsweise kommt nach dem Resonanz-Gesetz alles irgendwann auf uns zurück, was wir in die Welt setzen oder gesetzt haben. Die Kriminalfilme bieten ja die besten „Bildungs-Angebote" für angehende Verbrecher.

Letztlich wird durch solche Machenschaften und Abgründe, wie auch durch ein Überangebot an Konsum und Vergnügungsmöglichkeiten, das menschliche Ich korrumpiert. Eine Ich-Schwäche entsteht meistens auch aus Bequemlichkeit, Konsum-, Vergnügungs-, Abenteuer- und Zerstreuungs-Sucht, durch Rausch, Verwöhntheit und Angst. Eine Ich-Aufblähung entsteht durch Eitelkeit und Narzissmus, durch Statusmittel, Besitz, Erfolg und Ruhm. Dieses Aufgeblähtsein kann aber sehr leicht wie eine Seifenblase zerplatzen, wenn die genannten äußerlichen Dinge und weltlichen Anerkennungen durch ungewollte Umstände plötzlich wegfallen.

Eine Ich-Stärke wird erzeugt durch Widerstand und Reibung, so wie das Kleinkind in den sogenannten Trotzphasen manche Auseinandersetzungen provoziert, um sich selbst erfahren und erleben zu können. Später wird eine echte Ich-Stärkung erst erreicht durch eine Selbst-Erkenntnis, durch Selbst-Erziehung und durch Weisheit und Liebe, wenn wir uns also bemühen, das Niedere, die Ängste und Destruktivitäten, die in jeder Seele vorhanden sind, zu überwinden. In der Selbst-Überwindung liegt dabei die größte Herausforderung beziehungsweise Wachstumsmöglichkeit für das menschliche Ich. Anstelle der niederen Seelenkräfte darf sich das Ich mit hohen, edlen und reifen Tugenden verbinden.

Doch gerade dann, wenn wir uns dem Guten zuwenden beziehungsweise wenn wir das Böse überwinden wollen, stört dieses am meisten, denn wie gesagt, ziehen sich die Gegensätze auch an. Das Abgründige und Böse bildet somit einen Widerstand, ein Hindernis, an dem sich das Ich messen, an dem es wachsen und reifen kann. Und dies wiederum nach einem bestimmten Gesetz, das besagt: Kleine Reize wecken und fördern die Ich-Tätigkeit, mittlere Reize erhöhen sie, stärkste Reize beziehungsweise Angriffe ertöten sie.

So wird hier ein sinnvoller Umgang mit dem Bösen anschaubar. Begegnen wir ihm am Anfang, wenn es noch klein ist, werden wir noch relativ leicht damit fertig werden, wir können es noch wandeln. Machen wir lange Zeit nichts, aus Bequemlichkeit oder Verdrängung, so kann es groß werden und wir brauchen schon sehr viel Mühe; ist es riesig geworden, ist das Ich überfordert, dann braucht es zumeist eine Hilfe von Außen oder es wird sogar zerstört.

Dies kann im Individuellen wie im Gesellschaftlichen gesehen werden. Im Terrorismus zum Beispiel oder im Suchtverhalten ist es also anzuraten, noch am Anfang nach den Ursachen und Hintergründen zu forschen, denn wenn man alles laufen lässt, aus Ich-Schwäche, Feigheit oder Bequemlichkeit, wird irgendwann die Not so groß, dass eigene Maßnahmen und Therapien nicht mehr ausreichen. Dann braucht es unter Umständen im Persönlichen die „chemischen Keulen" oder in größeren Zusammenhängen militärische Einsätze, um das Böse überhaupt noch stoppen zu können.

Eine Ich-Schwäche macht es den Widersachern leicht, sich an negative Seelenkräfte anzuheften. Sie liefern destruktive Inspirationen, die schwache Menschen und heute auch schon immer stärker Kinder und Jugendliche aufgreifen, die manche dieser Verlockungen und Versuchungen sogar noch „cool" finden. Werden solche Kräfte, zum Beispiel im Zustand eines Rausches eingelassen und in sich gepflegt, können Dämonen darin einziehen. Bis zu Besessenheiten, Morden, zu Gewalt-Affinitäten, Kriminalität, Hass, Fanatismus, Machtwahn und zu Ideologien, die dem Terrosismus Tür und Tor öffnen, reichen solche dämonische Einwirkungen. Dadurch ist heute auch eine Erhöhung und Förderung der kriminellen Energie bei vielen Menschen wahrzunehmen, auch bei solchen, die gewöhnlich ein recht biederes Leben führen. Ein Schutz davor muss durch eigene Stärke, auch durch eine Abwehrmöglichkeit in einem akuten Fall, manchmal auch durch harte Maßnahmen, bis hin zum Krieg, wie zum Beispiel gegen den IS getroffen

werden, um diese Kräfte noch in Schach halten zu können.
Im Anfang, also im Kleinen wäre noch ein leichterer Weg möglich gewesen, wenn man zum Beispiel den vielen jungen Menschen, die sich davon mitreissen lassen, eine ausreichende Perspektive im Beruf, im Gelderwerb, also in einer gesellschaftlichen Einbindung geboten hätte. Militärisch kann das Böse wie auch eine Krankheit durch die „chemische Keule" nicht besiegt werden. Ein Sieg kann nur errungen werden, wenn sich die Menschen wieder vermehrt auf das eigentlich Menschliche besinnen. Je mehr man sich davon entfernt, um so stärker können die finsteren Kräfte und Hierarchien zum Wirken kommen. Sie werden mit der Zeit so stark werden, bis die Menschheit sich wieder auf das Gute besinnt. Und so wird sich die nächsten Jahre eine Aufblüsterung des Bösen noch stärker fortsetzen müssen, das zeigen die politischen und kosmologischen Tendenzen ganz klar. Bis dahin, dass sich immer mehr Menschen Gedanken machen werden über das Warum und Wie ihres Erdenlebens. Denn dazu fordern diese Kräfte im Endeffekt auf.
Ein Ich-Weg bedeutet ein stetiges Wachsen und Reifen beziehungsweise verpflichtet er immer wieder zu einer Entscheidungsfindung. Eine Ich-Schwäche eröffnet die Möglichkeit für fremde Energien, Ideologien und Wesen, die sich der Seele bemächtigen und eine Ich-Aufblähung vortäuschen, so wie dies auch kollektiv, zum Beispiel im dritten Reich oder in Sportstadien, also in manchen Gruppenzusammenhängen, wo der Einzelne durch die Gruppe stark zu werden scheint, geschehen kann.
Zwischen Ich-Schwäche und Ich-Größenwahn gilt es daher eine Mitte zu finden, ein Zentrum, in dem sich das Ich nach Außen wie auch gegen innere Vereinnahmungen behaupten lernt. Diesen Mittelpunkt gilt es zu finden, ihn zu bejahen, ihn sogar selbsttätig zu setzen, in dem man sein Ich, seine Einzigartigkeit bejaht und sich dazu bekennt - „ich bin".
Die Mitte bedeutet schließlich auch, einen Ausgleich zu finden zwischen den Richtungen von Oben, den Kräften des Über-Ich, den moralischen Instanzen und gesellschaftlichen Normen und von Unten, den Kräften des „Es", den leiblich-seelischen Bedrängnissen, sowie zwischen Hinten, den Lasten der Vergangenheit und Vorne, den Möglichkeiten der Zukunft und zudem zwischen Links und Rechts beziehungsweise den Kräften des Bösen und des Guten. Also ist dies kein leichter Stand, kein einfacher Weg, der hier zu finden und zu ergründen ist. Daher braucht es schon ein langes Leben oder auch mehrere Leben,

um diesen Weg erfolgreich gehen zu können.

Vor allem in Mittel-Europa wurde geistesgeschichtlich gesehen, dieser Entwicklungsweg eines freien Ichs ganz besonders in der Zeit des deutschen Idealismus durch Menschen wie Schiller, Fichte, Goethe, Schelling, Hegel, Lessing und viele andere angelegt. Das Zeitalter in dem wir heute leben, erfordert verstärkt dieses Selbst-Bewusstsein von sich als einem freien, mündigen und selbstbestimmten Zeitgenossen, da wieder gruppenhafte, nationalistische und religiöse Ideologien von diesem sich selbst bestimmenden, freien Ich ablenken wollen. Erst wenn der Mensch sich in seinem Ich, in seiner Einmaligkeit und Freiheit gefunden hat, kann dieses in den Umkreis ausströmen, wenn er sich in gesunder Weise dem sozialen Leben oder auf einem spirituellen Weg einem Höheren zuwenden will. Dieses Höhere, dieser hohe Geist, der schließlich für alle Menschen wirkt und steht und diese verbinden will, dieser Geist des Humanen, des allgemein Menschlichen, er baut eben auf das freie Ich, das sich aus Erkenntnis und mit freiem Willen diesem Höheren zuwenden will.

Die nächsthöhere Welt, die dem Irdischen zugehört, ist die ätherische Welt, die Lebenssphäre der Erde und im kosmischen All, bestehend aus den vier Äthern, die den vier Elementen Feuer, Erde, Wasser und Luft auf einer höheren Ebene entsprechen. Der menschliche Ätherleib ist der Träger unserer Gewohnheiten, unserer Temperamente, unseres Charakters und des Gedächtnisses. Diesen vom Ich aus zu wandeln und zu veredeln, ist folglich nicht ganz einfach, das weiß jeder, der schon einmal versucht hat, seine Gewohnheiten und Eigenarten zu ändern.

Dem menschlichen Ich noch näher ist die seelisch-astralische Welt seines Seelenleibes, die in den sieben Planeten-Energien ihre Grundlage hat und von der Ebene der niederen Begierdenglut über die Ebenen der Zerstreuung, der Wunschnatur, zur Lust und Unlust bis zu den höheren Seelenebenen der Wahrheit (Wissenschaft), der Schönheit (Kunst) und des Guten (Religion, Andacht, Hingabe) reichen kann. Dann erst folgt die geistige Ebene, wenn wir durch eine religiöse oder spirituelle Innerlichkeit das moralisch Gute anstreben wollen.

Diese geistige Sphäre wird errungen, wenn vom menschlichen Ich aus das hohe, das kosmische Ich, das höhere Selbst gesucht wird. Dies geht im Irdischen letztlich über eine Berufung, über eine spirituelle Aufgabe in der Welt. Denn das kosmische, das geistige Ich offenbart sich zunächst in Idealen, im Gewissen, im Geist des Humanismus, der in der beginnenden Wassermannzeit seit der französischen Revolution sich in den Atributen der Freiheit, Gleichheit und Brüderlichkeit artikulieren will. In diesem Geist, der menschheitlich, sich also allmählich auf die ganze Menschheit ausdehnen möchte, lebt das kosmische, das höhere Ich. In der Wassermannzeit kann der Mensch den Zugang zu diesem, seinem höheren Ich, zum sogenannten Geistselbst finden, wenn er diese humanistischen Ideale des allgemein Menschlichen zu eigen machen, wenn er sie in seiner Seele verwirklichen kann.

Das höhere, das wahre, das göttliche Ich des Menschen lebt und urständet im Menschheits-Geist, in Christus. Im heiligen Geist, im kosmischen Geist des weiten Universums, aus dem die Weisheit des Alls entströmt, darin urständet das hohe Selbst, das kosmisch-geistige Ich des Menschen. Dieses geistige Ich schenkt den wirklichen, den substanziellen, den geistigen Inhalt für das menschliche Ich, das zunächst nur einen „Form"-Charakter besitzt, damit reine Tätigkeit, reines Schaffen ist. Dadurch ist dieses menschliche Ich aber auch frei, sich mit allem, was es will, zu verbinden und dessen Inhalt anz-nehmen. Nimmt das menschliche Ich, das oftmals sogenannte Ego, als seinen Inhalt das hohe, das geistige Ich an, also die Kräfte der Weisheit, Liebe und Güte in sich auf, dann kommen Inhalt und Form in harmonischer Weise zusammen. Philadelphia, das Zeitalter der Brüderlichkeit will daraus erstehen. Wir dürfen schon heute daran mitwirken, es vorbereiten, sonst wird es gar nicht kommen können.

In diesem Sinne sind alle Versuche, das Gute und Menschliche zu stärken, nicht vergebens. Doch auch hier ist ein rechtes Maß und ein überlegtes Tun anzuraten. Denn in unseren Tagen muss sich sogar der „Gutmensch" einige Vorwürfe gefallen lassen. Wenn nämlich zu naiv und gutgläubig gehandelt wird, kann ein Vertrauen in das Gute, das in jedem Menschen ist, oftmals leider sehr verborgen, auch mißbraucht werden. Und der „Schöngeist", der immer nur das Liebevolle, Zarte, Hohe und Reine ersehnt, wird von vielen Zeitgenossen recht leicht als ein weltfremder „Spinner" abgetan.

Denn ohne einen Dritten, ohne den „Wahrmenschen" beziehungsweise ohne den Geist der Wahrheit, der das Gute und Böse gleichermaßen anerkennt und berücksichtigt, können schon gewisse Einseitigkeiten hervortreten, die dem Ganzen einer Situation oder Lebensweise nicht wirklich gerecht werden können. Der Wahrmensch sollte natürlich zuerst gegenüber sich selbst vollkommen ehrlich sein. Verdrängt oder verzichtet man noch auf leibliche und seelische Wünsche, die einem geistigen Leben und dessen Idealen entgegenstehen, weil man dies vom

„Kopf" her so will, wenn man also eine Askese und Kasteiung übt, so ist dies für ein spirituelles Leben nicht wirklich förderlich. Man sollte das Edle und Reine einfach lieben können, dann fällt die irdische Anhaftung an bestimmte Mittel und Wünsche mit der Zeit von alleine ab. Dann erst herrscht eine wirkliche Harmonie von Geist, Seele und Körper.

Deshalb darf und soll schließlich der gute, der schöne und der wahre Geist gesucht und gefördert werden, aber so, dass man das Negative, Dunkle und Schlechte im Auge behält, es durchschaut und in seiner letztendlichen Mission erkennt. Dadurch nimmt man ihm die Kraft, aber auch durch ein Standhalten und manchmal sogar durch ein Schützen, Kämpfen und Bändigen, bevor es allzu viel Unheil und Verbrecherisches anrichten kann. Dazu sind meistens aber viele, eben auch unterschiedliche Kräfte aufgerufen, zusammen zu wirken.

Wäre sich die Weltgemeinschaft einig, zum Beispiel im Falle des sogenannten Islamischen Staates, an einem Strang zu ziehen, also Saudi Arabien, der Iran, Russland, die Westmächte, die Türkei und Israel, so wäre dieses Problem recht bald gelöst. Denn der IS beziehungsweise dessen Terrorismus tritt ja in ein seelisch-geistiges und moralisches Vakuum, das entstanden ist, weil sich viele Weltmächte, auch innerhalb des Islam, feindlich gegenüber stehen. Da wo sich der Friede durch Erkenntnis, Wohlwollen und gegenseitigem Respekt durchsetzen kann, wird sich das Böse und Zerstörerische nicht lange halten können. Kämpfe gegen Symptome des Bösen helfen nicht wirklich. Man muss die Wurzeln des Übels erkennen und wegräumen, das erst erschafft Frieden. Streiter für den Frieden wird man, in dem das Böse erkannt, begrenzt, bekämpft und überwunden wird, zuerst aber im eigenen Inneren, denn dann braucht es nicht in die Welt projiziert zu werden.

Wir schauen auf die Menschen und in die Welt und sehen darin das Gute und das Böse, führen schließlich aber beide Seiten dem Guten, einem höheren, himmlischen Guten zu, auch wenn dies im Lebens-Praktischen manchmal „nur" durch ein Gebet, durch gute Gedanken, durch Mitgefühl und Mitleid und einer geistigen Mithilfe geschehen kann. In nicht so drastischen Fällen genügt manchmal allein schon eine menschliche Zuwendung oder eine Therapie, um sich von destruktiven Kräften befreien zu können.

Am Bösen lernen wir schließlich, was das Gute ist. Das sollten wir nicht vergessen und ihm deshalb auch dankbar sein. In diesem Sinne: Liebet das Böse gut, denn die Liebe erlöst. Auch das Böse vergeht,

wenn die wahre Liebe ersteht.
Die guten, aber auch die bösen Kräfte urständen in der geistigen Welt. Nur ist dort das Böse in das große Ganze so eingebunden, dass es da eine dienende und ergänzende Funktion einnimmt, damit die Welt überhaupt zu dem werden kann, was von den hohen Geistern und Hierarchien auch so ausgedacht war. Die geistige Welt ist eine moralische Welt, da gehören alle Kräfte hinein, die dem großen Ganzen dienlich sind. So sind zum Beispiel die verhärtenden Kräfte im Kosmos für die Erschaffung der Materie notwendig. Wenn diese jedoch wie im Erdensein ein Eigenleben bekommen, unabhängig vom kosmischen Zusammenklang, können sie krankmachend und böse wirken. Im Kosmos wirken also alle polaren Kräfte, sich ergänzend und erweiternd, am Aufbau der Schöpfung mit. Himmlische Kräfte allein können nicht bewirken, dass sich eine feste Materie ausbilden kann. Dazu braucht es eben auch die untersinnlichen Kräfte und Energien, wie den Magnetismus, die Elektrizität, die Schwerkraft und die Atomenergie. Was diese Energien aber bewirken können, wenn sie durch den Menschen aus ihrem natürlichen Zusammenhang „befreit" werden, konnten wir bei den Atombombenabwürfen in Japan und ähnlichem genügend beobachten. Dadurch sind wir letztlich aufgefordert, sich verstärkt für die edlen Kräfte des Friedens, der Freiheit und der Menschenwürde einzusetzen.
Was darüber hinausreicht, was über das Böse und Gute und daher auch über das Moralische erhaben ist, ist die göttliche, ist die himmlische Welt. In ihr sind alle Kräfte und Wesen in einem harmonischen Zusammenklang enthalten. Da gibt es keine Spaltungen zwischen Gut und Böse, wie noch in der niederen geistigen Welt, denn die Urbilder der höheren geistigen Welten sind ja Offenbarungen und Ausstrahlungen einer noch höheren, himmlischen Sphäre, in die das Böse, das Trennende und Spaltende keinen Zutritt hat. Denn da ist noch alles in einem schöpferischen „Chaos", in einem unmanifesten Zustand der Einheit, aus der sich erst im Werdeprozess des Schöpfungsgeschehen die Vielheit bildet und offenbart.
Hier, in dieser himmlischen Einheit, urständet des Menschen wahres, göttliches Ich, das in ihm als Keimatom, als Gottesfunke wie in einer Art Same ein verstecktes Dasein fristet, bis er vom Menschen durch die Kraft des Christus geweckt und erhellt werden kann. Dadurch kann ein himmlisches Feuer in uns entfesselt werden, das allmählich alle niederen Kräfte und Hüllen des Menschen umschmelzen hilft, bis dereinst,

nach vielen weiteren Erden-Leben, des Menschen Urbild, seine geistige Idee, der sogenannte Geistesmensch, der „Auferstandene" Wirklichkeit werden kann.

Lang und weit ist der Weg, aber ohne dieses Ziel vor Augen zu haben, wird es sehr schwer werden, den rechten Weg finden und diesem folgen zu können. Das hohe Selbst, das kosmische Ich und das wahre, das göttliche Ich wollen sich in der Mitte, im Menschen-Ich, in seinem geistigen Herzen begegnen und vermählen. Dahin führt der Ich-Weg des Menschen, an dessen Anfang wir immer noch stehen. Doch mit Hilfe eines freien und eigenverantwortlichen Ichs können wir die einzelnen Stufen und Etappen erkennen und damit selbstbestimmt und in Freiheit diesen Weg weitergehen, den die Christus-Wesenheit so für uns vorbestimmt und vorgelebt hat. Daher dürfen wir ihm nachfolgen. Er wird uns führen und begleiten, aber dabei immer auch unsere individuelle Freiheit, unseren freien Willen beachten.

Durch Christus Jesus ist das Göttliche in der Erdenwelt auch biographisch angekommen. Dadurch ist das Erdensein selbst ein anderes geworden. Seit der auferstandene und wiederkommende Christus die Lebenssphäre der Erde durchdringt, vermählt sich Himmel und Erde immer wieder neu. Von Jahr zu Jahr wachsend und sich erweiternd. Die Erde ist daher keine Maya mehr, denn das Ewige, das Göttliche ist auch hier immanent, zunächst als ein „Same", als eine Art Keim einwohnend. Vom Menschen kann dieser Keim, kann dieser Gottesfunke aufgenommen und zum Wachsen gebracht werden. Christus durchzieht die Lebenssphäre der Erde und das Ich des Menschen, wenn dieser sich dafür öffnen kann.

„Siehe, ich mache Himmel und Erde neu". Eine neue Welt, eine neue Erde und ein neuer Kosmos entsteht, im und mit dem Menschen, der in seinem Ich und damit allmählich auch in seinem ganzen Sein vergöttlicht werden kann. So weit reicht des Christus Erdentat, wenn sich der Mensch seinem Wesen, seinem Geist und seinem Leben anvertrauen und ihm folgen will. Er ist unser guter Geist, er ist unser Leben und er ist unser Weg, der uns mit der großen Einheit, mit dem Himmel, mit dem göttlichen Vater und Weltengrund wiederverbinden kann. Ihm dürfen wir für all dies und noch vielem mehr dankbar sein.

Ein Nachwort

Vor 22 Jahren begann für mich die Arbeit des Schreibens, als ich gebeten wurde, einen Vortrag zu halten mit dem Titel: Gleich und Gleich gesellt sich gern und Gegensätze ziehen sich an. Daraus ist damals vor allem eine intensive Beschäftigung zum Thema Partnerschaft hervorgegangen, die ich dann in einigen Schriften niederlegen konnte. In den weiteren Jahren folgten vertiefende Themen zur Zeitlage, zum spirituellen Schulungsweg, zu Kunst und Religion. Nie hätte ich gedacht, dass ich dieses damalige Vortragsthema im vorigen, letzten Kapitel meiner Schriftstellerei noch einmal aufgreifen darf. Aber so schließt sich der Kreis und ein gewisser Abschluss ist damit vollbracht.

Möge das weitere Schicksal der Inhalte des nun vollendeten Werkes über die großen Arkana des Tarot beziehungsweise ihrer hermetischen Erweiterungen für die heutige Zeit Wege finden, dass sie viele offene Herzen und Seelen erreichen können. Dies liegt aber nicht mehr allein in meiner Macht. Somit übergebe ich mein nun vorliegendes und abgeschlossenes Werk den Menschen dieser Welt, die ein Interesse haben an einer christlich-hermetischen Literatur. Mögen die Inhalte daraus zu ihrem Heil gereichen und ihnen wichtige Impulse vermitteln, die sie im geistigen Leben reicher, tiefer und erfüllter machen können.

In diesem Sinne danke ich meinem Genius, der mich über die Jahre hin angeleitet, „gezogen und gedrückt" hat, damit ich immer wieder die Kraft, die Ausdauer und den Mut gefunden habe, weiter zu arbeiten, obwohl die Welt mir nicht gerade besonders förderlich entgegentrat. Aber so ist es halt. Was sich im Geistigen bewähren kann, muss allein aus diesem geschöpft werden können. Denn der Geist prüft, ob der Mensch auch Willens ist, ohne weltliche Ehren und Löhne an ihm festzuhalten. Darin zeigt sich letztlich auch, ob wir diesem Geist in Liebe und Treue zugetan sind.

Und so darf und will ich mich hier nur noch bedanken, beim Leser und bei den inspirierenden Hütern und Wächtern der geistigen Welt – mit der Hoffnung und Bitte, dass hier noch kein Ende ist, sondern auch ein Neu-Anfang geschehen kann, der im Sinne dieser hier dargelegten Geist-Impulse irgendwo auf der Welt zu neuen Projekten und Aufgaben führen wird.

Dabei wünsche ich allen Mitstreitern ein fruchtbares und segensreiches Gelingen und ein ehrliches Vorankommen auf dem Weg in eine friedliche und geisterfüllte Zeit.   Franz Weber, im Frühjahr 2017

Anhang

Schriften, die von Franz Weber im Perceval-Institut für Kosmologie und christliche Hermetik, zumeist im Eigenverlag und in Entsprechung zu den großen Arkana des Tarot, entstanden sind:

Der Magier: Arkanum der Mystik - <u>Auf dem Weg zum Gral</u> – für die Sucher und Hüter des heiligen Gral (190 Seiten DIN A4 zu 22.- Euro erschienen 1998)
Die Priesterin: Arkanum der Gnosis - <u>Spirituelle Partnerschaften im Lichte der Sternenweisheit</u> (140 S. A4 20.- Euro)
Die Herrscherin: Arkanum der Magie - <u>Partnerschaften im Lichte eines spirituellen Christentums</u> (100 S. A4 16.- Euro)
Der Herrscher: Arkanum der hermetischen Philosophie - <u>Im Namen des Wortes</u> – eine geistige Wegweisung (140 S. A4 17.- Euro)
Der Priester: Arkanum der Transzendenz - <u>An die Mutter Erde</u> – Betrachtungen zur Entwicklung von Erde und Mensch (65 S. A4 14.- Euro)
Die Liebenden: Arkanum der Initiation - <u>Lichtwärts</u> – Zwölf Betrachtungen für ein geistgemäßes Leben in heutiger Zeit (70 S. A4 15.-Euro)
Der Wagenlenker: Arkanum der Genesung - <u>Vom Bauen am Tempel des Lebens</u> – Auf dem Weg zum Sinn, zu menschlicher Fülle und zur geistigen Bestimmung (75 S. 15.- Euro)
Die Gerechtigkeit: Arkanum des Gleichgewichts - <u>Zeitfragen im Lichte der hermetischen Philosophie</u> (145 S. 19.- Euro)
Der Eremit: Arkanum des Gewissens - <u>Tarot</u> – die großen Arkana im Lichte der Hermetik (30.- Euro, mit Fotos)
- <u>Aufbruch zur Dimension der Tiefe</u>
Das Schicksalsrad: Arkanum der gefallenen Natur   Teil 1 - <u>Praktische Hilfen für das Leben in der sozialen Welt</u> (100 S. 16.- Euro)
Die Kraft: Arkanum der Jungfrau   Teil 2 - <u>Hilfen für den Weg zum inneren Leben</u> (100 S. A4 16.-)
Die Prüfung: Arkanum des Glaubens - <u>Ich und Welt – Mensch und Gott</u> (zusammen ca. 100 S. A4 16.-Euro)
Der Tod: Arkanum des ewigen Lebens - <u>Auf dem Weg zu Gott</u> (70 Seiten A4 14.- Euro)
Die Mäßigkeit: Arkanum der Inspiration - <u>Wege zum Heil</u> (Buch 116 Seiten A5 12,90 Euro)

Der Teufel: Arkanum der Gegeninspiration - <u>In der Einheit liegt die Kraft</u> (Buch 152 S. A5 15,90 Euro)
Der Turm: Arkanum des Bauens - <u>Europa wohin?</u>   (Buch 88 S. A5 9,90 Euro)
Der Stern: Arkanum des Wachstums - <u>Zeit zur Umkehr</u> (Buch 80 S. A5 9,50 Euro)
Der Mond: Arkanum des Intellekts - <u>Welten-Dramatik</u> (Buch 90 S. A5 10.- Euro)
Die Sonne: Arkanum der Intuition - <u>Spirituelles Christentum</u> (Buch 68 S. A5 9.- Euro)
Das Gericht: Arkanum der Auferstehung - <u>Auf dass wir Menschen werden</u> (62 Seiten A4 14.- Euro)
Der Narr: Arkanum der Liebe - <u>Vom Taugenichts zum Narren, der das heilige Leben liebt</u>   (48 S. A4 12.- Euro)
Die Welt: Arkanum der Freude - <u>Kosmos, Mensch und Erde</u> (Buch 96 S. A5 12.- Euro)

Gedichtbände:
Neue Welt – Gedichte in Prosa aus den Tiefen der Zeit von F.S. (12.-)
Geistespfade – Gedenkworte von F.S. (14.- Euro)
Aus Schmerzen geboren die Liebe – Liebesgedichte von F.S. (10.-)
Liebe erlöst – Gedichte und Aphorismen von F.S. (8.- Euro)
Im Kreuz der Welt - Gedichte in Prosa von F.S. (7.- Euro)
Ringen – Gedichte vom Rande des Lebens und „Die Kunst – zu leben und zu lieben" eine Betrachtung zur Kunst (10.- Euro)

Das Institut für Kosmologie und christliche Hermetik forscht und berät zu spirituellen Themen, wie den Mysterien- und Schulungswegen, sowie zu Partnerschaft, Gesundheit und zur sozialen Frage.
Desweiteren biete ich ganzheitliche Massagen und heilende Übungen an, sowie astrologisch-esoterische Beratungen und eine Begleitung in Lebenskrisen. Zudem existieren zahlreiche Werke der bildenden Kunst.

Für Anfragen und Bestellungen richten Sie sich bitte an:
    Franz Weber
    Ingeborg Drewitz Allee 33
    79111 Freiburg
    mail: fama-freiburg@t-online.de
    <u>www.perceval-institut.de</u>

Literaturverzeichnis

Anonymus D`outre-Tombe: Die großen Arcana des Tarot – Meditationen
Judith von Halle: Der Abstieg in die Erdschichten
Harish Johari: Lila – das kosmische Spiel
Charles W. Leadbeater: Gedankenformen
Rudolf Steiner: Die großen Eingeweihten
- Christus im Verhältnis zu Luzifer und Ahriman
- Weihnacht
Omraam Michael Aivanhov: Weisheit aus der Kabbala
Otto Julius Hartmann: Schicksal, Krankheit und Heilung
Robert Goebel: Engel und Dauerstern
Hajo Banzhof: Astrologie
Friedrich Benesch und andere: Europa und sein Genius
Gesine Schwan und andere: Europa geht auch solidarisch
Alfred Schütze: Vom Sinn des Schicksals
White Eagle: Mit White Eagle durch das Jahr
Hermann Hesse: Demian
Emil Bock: Urgeschichte – Beiträge zur Geistesgeschichte der Menschheit
Konrad Dietzfelbinger: Judas – Verräter oder Held
- Mysterienweisheit im Johannes-Evangelium
Valentin Tomberg: Aufzeichnungen und Vortragsnachschriften
- Der Vater unser-Kurs (Teil 1)

Die hier aufgeführten Bücher wurden teilweise während des Schreibens dieser Schrift gelesen. Dadurch sind wahrscheinlich auch einige Gedanken in das vorliegende Werk eingeflossen.